浪尖上的台商

Nasty Wave : Taiwanese Businessman in China

方木几——著

前言

相傳大禹時代督工巴解智滅夾人蟲，成為天下第一個吃蟹的人，自從大陸改革開放以來，台商爭先登陸搶吃第一隻蟹，筆者雖不爭先但也唯恐滯後，遂參加了二〇〇〇年的西部論壇，步入老台的後塵成為新台的一員。筆者隨公司四處開疆闢土，在湖南、湖北、江蘇、海南、陝西、甘肅、貴州、上海、北京、天津都留有足跡，因而結識很多台商朋友，發現水土不服者眾，輕騎過關者少，大展鴻圖者有如鳳毛麟角，為此，筆者撰寫了第一篇「漫談大陸台商」。

在這一篇中，筆者將大陸台商分為三族：蘆葦族、草莓族、榴槤族。

1、蘆葦族：雖未發跡茁壯，仍能毅力不搖堅守崗位，靠的是自己的蛻變。筆者在書中給蘆葦族兩個小小的建議，但願對其實現理想有所幫助。

2、草莓族：外表光鮮華麗，本質脆弱無比，這些台商當初滴了兩滴眼淚離鄉背井來到大陸，卻又淚灑大陸機場回到家鄉。其實，根本不是他想離開，而是混亂的投資環境逼他走開。

筆者在書中鼓勵他們有銳氣的離開，伺機東山再起。

3、榴槤族：事業基礎紮的堅硬厚實，如康師傅、旺旺、富士康、石頭記等等，筆者在書中淺析了他們締造奇蹟背後的幾個關鍵密碼，以供大家借鑑參考。同時，筆者還列舉台商時常碰上的八個典型司法陷阱，以免啞巴吃黃連有苦說不出。只要大家彼此提醒保持高度警惕，陷阱終將如同巫婆一般一定得死。

筆者十年來接觸大陸律師頗為頻繁，發現台灣律師在法律面前絕不退縮，在法官面前理直氣壯，大陸律師卻在法律面前畏首畏尾，在法官面前擺尾奉承，所以就書寫了第二篇「探索大陸律師」。

在這一篇中，筆者客觀地分析了大陸「紅頂型」律師、「專家型」律師、「三無型」律師的執業心態，探討他們何以熱衷研究人勝於研究書？何以處方箋滿天飛？是否應借鑑醫師的分科來進行行業分工？律師該不該成為有錢人的工具？

筆者因在房地產包銷公司負責法務工作，熟悉兩岸相關法律，在台灣考取兩張財經法律特考證書，累積二十載兩岸民事訴訟實戰經驗，對具有中國特色的司法食物鏈略有淺見，但很多台商只知抱怨大陸鄉里法院司法歪風盛行，卻不知其中緣故，所以筆者撰寫了第三篇「認識大陸法院」。

從解析大陸法院的財務預算制度到法官的任免制度，即從法院的內部視角觀察來剖析亂象叢生的鄉里法院，進而看破法官普遍存在的七個現象。法官們既致力於內部自主的呼籲，卻又不得不熱衷於外向的低頭擺尾，審判依據沒有一定標準，當事人的訴前準備也跟著無所適從，所以大陸司法改革本身就具有毋庸置疑的正當性與急迫性。

第四篇「十年磨一見」是全書的主體，是筆者在大陸任職十年期間親身經歷的司法荒唐案例，有公安亂抓人亂作為，有公安假做筆錄偽作為，有報案不來不作為，還有商務仲裁三裁三撤的荒唐裁決，有台辦害台商窩裡鬥行為，有在法庭內被毆而書記員不理不睬不作為，有同樣訴訟兩樣收費的亂收費行為，有執行局扣款三年才發款的怪行為……

筆者公諸案例的目的有二：

1、對大陸司法腐敗現象盡點輿論監督之責；

2、提供台商引以為鑑。

有多位台商會長為筆者擔憂可能會遭到地方權力機構的暗中報復，筆者在此由衷感激老鄉們關懷的同時，還是對大陸中央權力機構的司法改革抱有信心，相信邪不勝正，光明一定到來。

台商們多數有些失意，解悶尤其重要，因人各有性，解悶方式自然花樣百出，或邀約狂歡，或桌上裸泳，或登高釋懷……

筆者有感古人間的綿綿情懷，常藉詩詞傳情，或暗自緬懷先人，或千里耗時傳送思念，而今人秒間即可千里傳真，所以，特喜歡擬仿古詩應景抒情。

第五篇「台商的詩意人生」就是筆者生活另一面的詩意展示。

這本書是筆者登陸十年來民事訴訟實戰經驗的總結，是對具有中國特色的司法制度洞悉和反思，遊走兩岸的台商不妨人手一本，否則他人前車之鑑，將是自己步入的後塵。

自序

四十歲是一個人震盪起伏巨大的生命線，到底往上轉是你人生的南回歸線，還是往下彎是你人生的北回歸線，端視個人造化與努力，我何嘗不也如此遭受考驗。

剛下大陸的國際機場便高興吹起自己的成功狂想曲，以為在這擁有世界最多人口，擁有世界最多外匯的大陸裡，正是我人生展翅高飛的另一個起點，我的南回歸線劃定在此。可是登陸十年來，大陸市場擴大了，我的版圖變小了，市場不講誠信，法院不講法治，律師不夠稱職，每打一場官司要進無數次急診室，忙著打官司，到頭來其實是瞎忙，瞎忙偷走了我的青春，打擊了我的信心，我開始質疑，北京機場既然敞開大門歡迎久違的台灣同胞，為何不為其加道防火牆？

大陸某些法院並不善待台灣同胞，國民黨雖然勇於開放台商投資大陸，卻也無力協助。十年一想，與其愁怨天地不如變革自己，改變不了環境就改變自己的心境。不是大陸還要再等多久才來，是來了能撐多久。對台招商不需再喊口號，不需再辦餐會，百萬老台就足以撼動千萬新台，穩住老

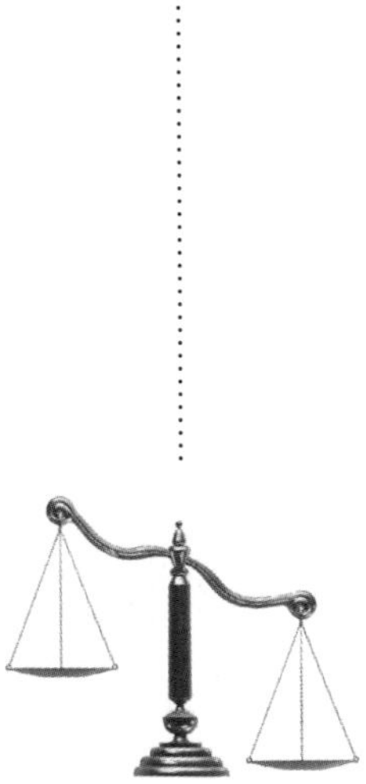

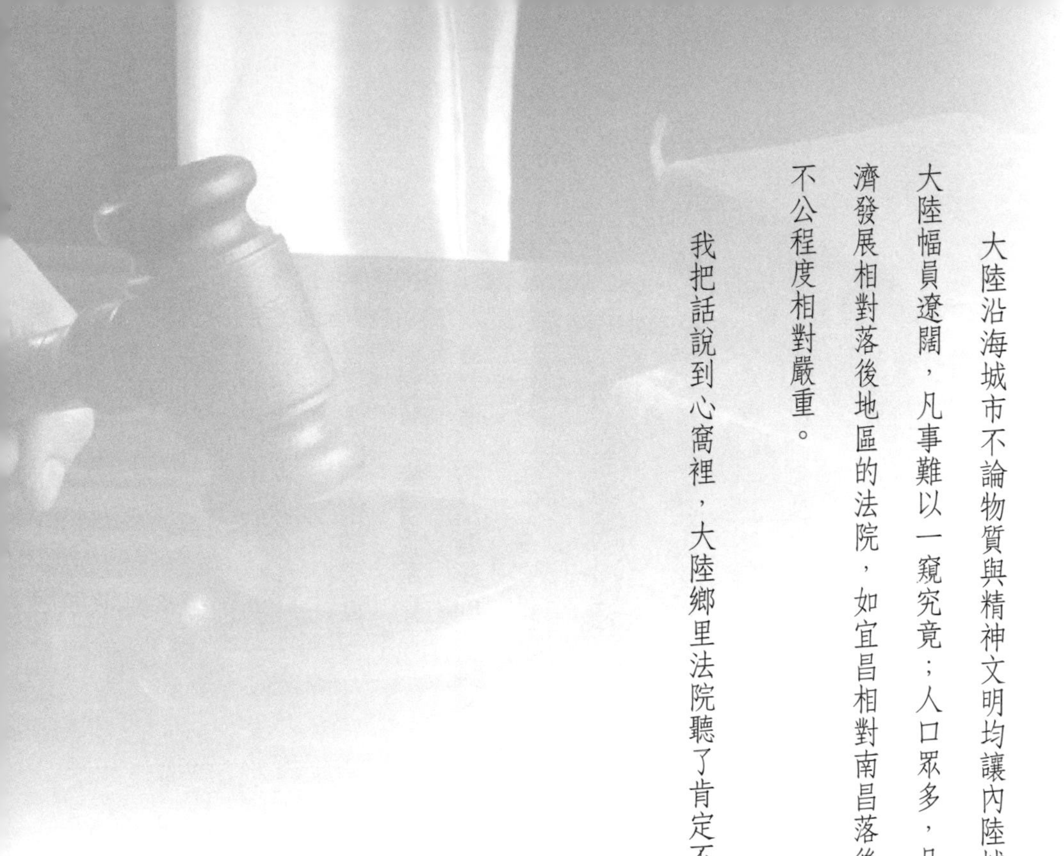

台不怕新台不來。

大陸沿海城市不論物質與精神文明均讓內陸城市望塵莫及，因為思路不同，活路就大不相同。

大陸幅員遼闊，凡事難以一窺究竟；人口眾多，凡事不能以偏蓋全。本書所指大陸鄉里法院意指經濟發展相對落後地區的法院，如宜昌相對南昌落後，南昌相對南京落後，而落後地區的法院其貪腐不公程度相對嚴重。

我把話說到心窩裡，大陸鄉里法院聽了肯定不中意。

目錄

第五篇　台商的詩意人生

【第一篇】

漫談大陸台商

我將大陸台商分為「三族」：蘆葦族、草莓族、榴槤族。
你又是哪一族？

第一章 不倒的蘆葦

到大陸才能找到你人生的關鍵詞「蛻變」，將自己蛻變得更加柔軟，猶如家鄉不倒的蘆葦，颱風過後依然屹立不倒。

法國思想家帕斯卡爾說：「人是一枝會思想的蘆葦。」蘆葦看似孱弱卻很堅韌，在颱風盛行時正是蘆葦盛開時，只見它隨風而盪，風吹不斷、浪打不倒。大膽西進十年八載的台商，若能存活下來，何嘗不像不倒的蘆葦？

有一天，幾位台商好友共聚在雨中的松風中，閒聊著

自己的「神州小故事」，或津津有味說起別人的「陸遊記」。似曾相識，好像每個人都是「作夢大師」，對十三億人口的巨大消費市場充滿想像力，對提供廉價勞動力近乎永不匱乏的大陸市場充滿期待。並且內心竊喜不已，心想憑自己的智慧，在這盤古剛開天的混沌市場裡發展，躺著撈也能撈上一大把。

其實不然，據筆者瞭解，應該是七虧二平一盈，虧損率顯然超過南進新、馬、泰、越的台企。問題就在於對陷阱的深淺拿捏不準，處事觀念又轉換不敏，常將陷阱當作餡餅，個個自視不凡、不愛聽勸，結果是排隊走在前人失敗的道路上。

很多台商初到大陸時都自認是隻白天鵝，一旦離開台灣登上大陸，其實只是一隻醜小鴨，任人玩弄擺佈。自己只能怨天尤人，束手無策，想再變回白天鵝，除非醜小鴨不死。一些台商自以為是公關高手，殊不知兩岸公關理念有根本上的差別：陸企公關時花錢不手軟，十足闊氣，對員工扣錢不講理，十分霸氣；台企勤儉成性，公關時不忘省錢。

省錢與小氣其實是對小兄弟，台商的標籤正是小氣，我也是小氣一族，無法例外。一瓶大陸茅台酒賣人民幣兩千元，賣的可不是酒水，賣的是誠意，賣的是感覺，賣的是可變現商品。在大陸想做好公關，誠意不打折是第一關，說白了就是做事之前先要學會做人。

在企業營運方面，我給小微型台商朋友們兩個小意見，盼能助你事業騰飛：

1、管理別太細：台資企業過於重視細節管理，管理越細投入成本越高，時間、耗材越多，還能加大勞資矛盾，忽略市場拓展，忽略與上層的互動，忽略發展方向的適時調整。再者，台商過於強調人性化管理，處處想當好人，可是好人與賺錢似乎無關；相反，很多陸企管理幾近苛刻，不通人情，諸如長期加班不加薪、月休四天硬扣假、遲到早退罰鉅款等等時有所聞，但成本跟著下降，產品價格的競爭優勢跟著提升。台商當然陷入苦戰，即使巴菲特到大陸來也會束手無策。

台企過於重視在品質與服務上保持大幅度的優勢，企圖拉大與陸企的差距，凸顯先進特色。可是，大幅度領先也伴隨著大幅度提高成本，並纏住你的大部分精力，加上品質與服務是容易抄襲、模仿、複製的，當你的產品品質深獲市場好評時，好光景可能只有三～五個月，同等商品馬上充斥街市；當你的服務在市場上出奇致勝時，複製品在一個月內讓你光鮮褪色。

依筆者拙見，能時刻保持一步領先，才能步步領先，比的是嗅覺感應與應變能力。另外，台企骨髓裡還存在兩個弱項，即公共關係與市推廣場，台商在這兩方面的投入往往不是陸企的對手。

2、離法院別太近：我們不怕市場不講誠信，但我們很怕法院不講法律，否則，就算投訴上帝也沒用。不幸的是，當今大陸中部地區很多省份的投資環境依然如此。台商們總是習慣利用司法來維權，可是在這些地區是行不通的，會讓你陷入萬丈泥沼乃至動彈不得，最後不得不拍拍屁股打包走人。

如果有一百個誘發你前來投資的理由，那麼，提醒你注意「預防重於治療」，千萬別有依賴法院討公道的一絲想法，寧願放棄不做，千萬別貪著做，「盡量離法院遠一點」。

司法之所以成了台商的致命罩門，探其原因有三：一、隱性訴訟成本太高；二、訴訟程序太冗長；三、錯誤判決太多。說開來並不令人感到驚訝新鮮，但尺度之過會讓人終身難忘，你此時會發現祈禱並不管用。

蘆葦族們，一旦來到大陸中部地區，凡事要懂得看開、放下，只有笑對挫折才能逆境順轉。雖然當今的大陸司法環境盡是些支離破碎的恨，但汶川大地震也讓我們看到大陸同胞那顆震不碎的愛心與憐憫，相信司法環境總有一天也會因愛的浸洗而重拾希望。

第二章 記得說再見

昔日對大陸的含情秋波眼，今日已成流淚泉。

草莓族啊！你在大陸投資失利，應該說是非戰之過，市場之險惡，陷阱之深奧，不來不知道，來了嚇一跳，如同一對戀人結婚，嫁過去一陣子才會知道婆婆好不好相處。當妳發現婆婆、姑姑盡是挑剔鬼時；當妳發現先生身旁有小三出現，甚至四、五、六正在列隊之中時，妳是選擇繼續留下，還是決然離開？

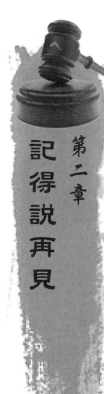

為難！煎熬！

有些台商穿著西裝進軍大陸，穿著內褲返回家鄉；又有些台商依依不捨滴著眼淚前往大陸，後來又淚灑大陸機場，懷恨而回。

投資大陸可說是他們死前都會後悔的事。

選擇離開大陸的失意台商，根本不是他想走開，是環境逼他離開。

他回台灣後又能投訴誰？投訴國民黨？國民黨已自顧不暇；投訴民進黨？民進黨也自身難保！

難道去投訴上帝？

可憐的台商，只能選擇暗地哭泣，默默自我消化。

這就是台灣草莓族。

前面說的是某些台商的現實寫照，其實也不必看的那麼悲觀，大陸只是人生的中間站，離開後另一個起站又將開始。猶如離開陰暗面後，其背後必是光明面，又好像看到拾圓朝上時，翻過來必定見肖像。所以，不用悲觀，你的人生並沒有壞掉，雖然錯過了上一班火車，但耐心等待總會等到一班能到達原訂目的地的。

繼續留在大陸的台灣蘆葦時常會談到離開大陸的台灣草莓，這就是傳染病為何總是在陰暗處傳開的寫照，聽到的盡是些台商的血淚史，環境的陰暗面，這固然可以警惕我們，但講多了同樣也會腐蝕蘆葦的信心，打擊蘆葦的士氣。

我們常說，想成功就要多跟成功的人在一起，多吸收成功的經驗，這樣才能擁有追求成功的動力。

大家很熟悉唐朝書生崔護寫的一首《題都城南莊》詩，我來仿他一下，「去年秋季此會中，鄉親盆蘭相映紅，鄉親不知何處去，盆蘭依舊笑春風」。在大陸很多台商投資協會何嘗不是如此，我前後當過三屆常務理事，這三屆常務理事會開下來，新面孔佔了過半又過半，只剩四分之一老面孔。不是常務理事出陳換新好現象，實在是新人還沒到老人已先走，會議現場徒然空見兩盆蘭花仍舊燦爛綻放。

這些台商回到台灣後，往往以酒澆愁，當酒醒夢迴時，空見夕陽依舊照著自家稀落的庭院，令人有種無言的惆悵和解悟。在大陸投資做生意的台商大多有著「此身非我所有」的感慨，也就是處處受制於人，如今回鄉偶遇時，常常相見無語，只得淚流千行各自吞。

草莓族寄語：我心安處才是我的故鄉。

第三章 奇蹟背後的關鍵密碼

向成功人士學習最快，自己摸索最慢。

在大陸飛黃騰達，業績直衝雲霄的台企，見其基業，如龍盤虎踞，基礎堅固厚實，欲與之競爭猶如梨子碰榴槤，受傷的肯定是梨子。

他們就是台灣榴槤族。

例如以量致富的康師傅、行銷致勝的旺旺、糖果大王徐福記、擅長團團園園的龍鳳食品（以上號稱「台商四大食品天

王」），還有IT賣場百腦匯、點石成金的石頭記、箱包大王皇冠集團、用心質感的克莉絲汀、西學中用的兩岸咖啡、時尚設計師的豪式牛排、人文茶館的花之林等等。這些成功企業的背後隱藏著無數辛酸血淚和許多不為人知的掙扎，但懂得碰到傷心時用心去療心，懂得換了處境就該一併換個心境。

我們往往只會臨淵羨魚，其實更應該退而結網，向成功人士學習。要知道，自己摸索最慢，一旦方向錯了，就會背道而馳，速度越快距離越遠。

筆者才薄智淺，以下是個人拙察到成功台商奇蹟背後的幾個關鍵密碼，謹供參考：

一、經營守法些：不想生病，首先要愛乾淨；不想惹麻煩，首先要守法。在大陸，雖然司法公信力不彰，但並不代表人人可以不守法，有人可以將法玩死，有人偏偏會被法困死，如果你還能認清自己無法玩法，那就乖乖守法！這樣才留有良好的心境拼搏事業，決戰市場。

有些台商到大陸投資，投機取巧，想透過偷稅漏稅降低成本，但今天被你騙過去，不意味著你明天可以躲過去，因此，把偷稅漏稅做為節省成本的途徑，實在不可取。在漳州投資的台商中，就有人因為偷漏稅被查處，只好關閉企業，跑回台灣。

二、行動大膽些：想要健康，首先降低膽固醇，想要發展，首先加大「膽容量」。創造奇蹟當然行動要大膽、思想要大器、作風要大方，這樣才是「做大家族」的完美色彩。

一九九五年，石頭記在面對大陸工廠崛起的嚴峻挑戰時，重新思考定位，大膽決定朝低價位的策略發展，逐步贏得大陸消費者的肯定。在展店之初，採取「三金不收」政策，也就是「免加盟金、免保證金、免權利金」，更是在大陸成功經驗的精華濃縮，石頭記的老闆就是膽比別人大一些。

三、幹部堅強些：幹部是成功企業不可或缺的元素，幹部裡除了幾根台柱子（台籍幹部）外，還要幾頭本土老黃牛，幾個叫得響的吹鼓手，這就叫做「野地裡烤火，就地取材」。成功企業就是懂得器重幹部，獎賞幹部，給幹部一個完善且富有挑戰的生涯規劃，勾勒出宏觀願景。公司給予幹部的是事業而不只是職業，提供給幹部的是揮灑才能的舞台，而不是即興表演的跳台，有了這群幹部團隊，企業自能成功。

達芙妮在大陸二十多年的發展中就十分重視區域市場幹部本土化策略，因區域市場強調的是執行，而執行一定要用當地的人。「親歷親為、以身作則」是「台柱子」在團隊中慣用的處事作風，這種作風也獲得了大陸員工的認可。所以，不僅大陸的年輕人需要適應台商的管理模式，台灣的年輕人同樣也需要學會和大陸團隊的無縫協作。

四、身段柔軟些：人強不如勢強，勢強不如命強。不到大陸來，不知道自己脾氣硬；不到大陸來，不知道自己命薄。成功的台商在政策和本地強權面前始終柔軟些，柔軟成就不凡，凡事看懂了，一切就可以不藥而癒。

五、看法廣角些：很多疑難問題的答案就存在你看事情的角度中，大陸人多地大物博，十四億個角度看政策，政策制訂就要反射十四億個角度，成功的台商在這方面的嗅覺總是比別人靈敏些，開疆闢地時考慮的角度就會多些，角度不同，態度不同，得到的結果自然不同。

龍鳳食品立足上海後，積極佈局全大陸的市場。經調查發現，大陸各地飲食習慣殊異，概括區分四種口味：南甜、北鹹、東酸、西辣，因此龍鳳大膽發展多方位產品，華北賣餃子、華東煮湯圓、華南蒸包子，財源滾滾而來。

六、決策果斷些：成功的台商碰到生死關頭，能夠壯士斷腕予先，斷尾求生予後，不會養大癌細胞。沒有一種癌症在初期發現時就是不治的，但你若要漫不在乎地養大它，情況就大不相同了。再者，永遠別讓敵人壯大也是市場競爭的一個不朽定律，所以，決策必須果斷些才能制敵機先。

康師傅速食麵在大陸登上第一後，由資本市場入主味全。買下味全，等於買下食品業五十年的經驗。雖然康師傅速食麵獨霸一方，但是頂新在其他食品業的經驗值幾近為零，要成為世界級的食品業者，頂新必須縮短學習曲線，而買味全等於一比六十的買賣，因為大陸市場消費人口是台灣的六十倍，如果把產品放大到大陸，就等於把成功放大六十倍。雙贏是味全與頂新可以快速磨合的要件，換血經營後，1+1 反而變成無限大，味全搖身一變，成了頂新在大陸最好的「taste market」口味基地。

頂新集團成功密碼之一就是決策果斷些。

七、思想大器些：想長命百歲，從活化細胞開始，細胞活化後，人的思想就能相應敏捷。思維大器的企業，較容易擴增版圖，搶佔市場份額。成功的台企都是從宏觀著眼、微觀著手來打造品牌、重塑品牌和創新品牌，每一步都有完整性的規劃。

湯臣在產品定位上有一以貫之的堅持，品質至上，不做房地產的炒賣者，只做經營者。按市場需求塑造環境，與人文環境和自然環境相互相容，堅持樹立湯臣品牌形象。在每一次的宣傳中，置入品牌承諾，透過消費者的口碑傳播。這些品牌認知度、品牌知名度、品牌忠誠度等品牌資產，就會一點一滴的累積起來。

湯臣人心中有數：「品牌資產很值錢，但維護品牌很花錢」，想自創品牌就要用心，重在EQ，談的是價值。品牌的建立應始於員工，將品牌DNA嵌入內部所有員工，在每個與客戶接觸的關鍵時刻，傳達一致的品牌定位和經驗，以建立消費者的品牌知名度及累積顧客的品牌忠誠度，就能顯出品牌價值來。

最好有「每個員工都是品牌代言人」的觀念，而不必勞駕林志玲、金城武、小小彬……去代言。湯臣的經營思維就是大器些，難怪湯臣一品每平方米售價曾創大陸房屋市場天價達人民幣十三萬元（約合每坪新台幣兩百萬元）。

第四章 巫婆一定得死

從前，巫婆專門替人祈福、禳災、占卜，但隨著現代科學的發展，巫婆被視為裝神弄鬼的封建迷信者。在電影《巫婆》劇情裡，一群女巫集會設計將全英國的小孩變為小老鼠，一個小男孩努力設法阻止這些巫婆的邪惡計謀得逞，最終巫婆統統得死。

當今世界功利主義盛行，形形色色的司法陷阱充斥市場，大陸尤其猖獗。希望在大陸國務院及社會正義人士的共同圍剿之下，這些陷阱如同巫婆一般，終將死亡。

以下是台商在大陸時常碰上的典型司法陷阱，供新老台商

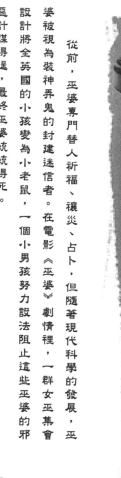

參考借鑑：

1、「偷盜」的陷阱：大陸中部地區法院一向認章不認人，蓋了公章就得對外承擔履行合約的義務，而忽略用章的合法性、正當性，這與台灣司法實踐上有很大的差異。在台灣司法訴訟中，不會將一件單純的公章監管不當產生的民事經濟責任判由公司來承擔，但在大陸中部地區司法實踐中，卻往往判由公司來承擔被盜用印章後的民事賠償責任。

有家台商公司的陸籍遠親員工，就曾利用台商回台時機，利用台商對他的信任（該員工與台商同住，並代管公章），盜用公章於一份對己協議書上（簽約日期還是台商回台日期），該協議書內容意指公司積欠他人民幣十三萬五千元薪資（月薪為人民幣五千元）。筆者與這名員工算是熟識，他才國中文化，無一技之長，替老闆代管店裡五名員工。有一天，他發現老闆有轉戰異地的想法，心想共事機會已不多，便出此下策——盜用公章，結果勞動仲裁裁決該協議有效，公司須承擔民事賠償責任。台商不服向法院起訴，結果仍是敗訴收場。

說到「偷」，有一回，我公司有位策劃師因公申請提用一部進口攝影機，後來順手牽羊溜之大吉。我檢附相關資料以侵佔公司財務名義向公安報案，公安不予受理，理由是損失金額僅人民幣八千餘元，未達底標（即人民幣一萬元）。我相信這種事在台商圈肯定不是什麼新鮮事，但若屢屢被偷而束手無策，遲早因此關門大吉，不可不防。

2、「偽造」的陷阱：在大陸很多省份沒有印鑑證明機制，很難判斷對方公章真偽，簽合約時務必請雙方法人代表簽字。同時也要核對法人代表證及其身分證，更要到該公司考察一番，最好能就近走一趟當地市（區）政府司法局轄下的公證處公證一番。否則，一旦被認定公章偽造，合約必定無效，到時候捶胸頓足，也為時已晚。

說到「偽造」，何止偽造公章，諸如身分證、畢業證、營業執照、法人代表證、預售證、產權證、資質證……所能想到的有形資料都有可能偽造，這種事連老美也都知道。在大陸除了偽造、變造居民身分證要處三年以下有期徒刑外，諸如冒用他人居民身分證（即國民身分證）或使用仿造、變造的居民身分證，僅僅由公安機關處人民幣兩百元以上一千元以下罰款而已。罰責太輕，這也是各種偽造證滿天飛的原因之一。

3、「限制」的陷阱：台商投資大陸的經營項目不能觸及《外商投資產業指導目錄》中的禁止類或限制類項目，如果該項目屬限制類範圍就必須向當地商務廳申請審批，獲准後才可正式經營。不然，對外所簽合約將被認定為無效，後果不堪設想。

有家台商經營房地產經紀代理業務，與大陸一家房地產開發商簽了一份《包銷》，後來開發商見銷售形勢大好便百般阻撓其銷售，意圖收回自售，最後依合約約定的仲裁條款申請商務仲裁。該仲裁委員會竟然將房地產包銷業務認定為「特許行業」，屬限制類範疇，進而裁決該包銷合約無效，命其退還大部分的已收報酬人民幣百餘萬元。不說不知道，說了還真讓你嚇一跳。

4、「二奶」的陷阱：很多台商到大陸來或因生理需要、或因心理作怪、或因為環境誘惑包了二奶，甚至三四奶，殊不知自己每天抱了一顆不定時炸彈在睡覺，枕頭包裡也盡是些炸藥，還緊貼著太陽穴。講起來就恐怖，因為二〇〇一年四月修正的大陸婚姻法及其最高人民法院《關於適用婚姻法若干問題的解釋》都將「以夫妻名義同居」的關係定義為「事實婚姻」，而非同居關係。如此一來便觸犯了大陸婚姻法的重婚罪，應處兩年以下有期徒刑或者拘役，而且依照大陸婚姻法第四十五條規定還屬於非告訴乃論罪，公安機關或人民檢察院可以自動偵察及提起公訴。如果包二奶的形式是以情人名義進行，名片上沒有印上「老闆娘」、「董娘」、「太座」、「×太太」等頭銜，也不如此親密稱呼，那麼，將只被認定為同居關係，在大陸屬治安管理處罰範疇。所以，千萬別上二奶的當。當然能免則免，既不會影響工作，也不會損害家庭，何樂而不為呢？

5、「立案」的陷阱：合約內可約定仲裁條款，也可協議管轄法院，但其中竅門不少，一字之差可能造成千里之遙，以下三種情況是無效的仲裁約定，希望台商朋友謹記在心，千萬別誤踩禁區：（1）本合約若涉有糾紛，雙方同意由江蘇省南京市仲裁委員會仲裁……（2）本合約若涉有糾紛，雙方同意交由合約簽發地的仲裁委員會仲裁……（3）本合約若涉有糾紛，雙方同意可以交由南京仲裁委員會仲裁或向南京市玄武區人民法院起訴解決。因為依規定當事人關於仲裁條款的約定必須十分明確而且具備唯一性，也不能同時約定仲裁委員會和管轄法院，否則，協議仲裁事項無效，無法申請仲裁立案，但協議管轄法院則仍然有效。在大陸，向某些法院起訴立案時，偶爾會碰到法院硬要原告增加訴訟請求，別以為你碰上了大陸雷峰，是法院要你多繳裁判費（受理費）。

有位台商購買了三套房，開發商遲遲不交房，台商起訴要求交房，但法院卻要求必須增加一條訴訟請求，即「請求確認房屋買賣合同有效」，如此一來，法院創收（註1）了人民幣

註1：創收是指利用有利條件為本單位創造收入。

萬餘元受理費。這顯然違反大陸民事訴訟法相關規定，但法院明確表態，不增加訴訟請求就拒絕立案。立案庭雖然沒有審判大權，但槓起來也夠煩人，甚至進不了法院大門。

6、「執行」的陷阱：很多台商歷盡千辛萬苦，終於拿到一份差強人意的判決書。執行是在進行了，眼看資金就要回籠了，可是你高興的太早了，申請執行要提供財產線索，否則要看執行員臉色是否願意主動調查。再者，債務人有權提出執行異議，不論異議理由是否充分，執行員往往會靜觀其變，先擱上一陣子再説。異議期間，對方也可以在該判決有效後半年內（二〇一二年九月一日以前規定為兩年）就本案訴訟申請再審，雖然再審立案審查期間依法不停止執行，但執行員有時會以「為防將來再審改判後有執行迴轉之餘」為由，技術性地又擱上一陣子，你會又一次慘遭歲月的折磨。如果碰上被執行人是區縣保護企業，撐起一把地方保護傘，你會有感而發，「蜀道難執行更難」。

有位台商向法院申請執行開發商的一塊素地，當地區政府派人通知法院該地塊必須與相連的五塊地整體開發，不允許單獨拍賣，結果法院按兵不動。判決書不是債券，也不是股票，想變現，沒那麼容易。

7、「保全」的陷阱：因擔憂在判決有利的情況下無法順利執行對方財產，可以先申請訴前財產保全。申請人要提供對方的財產線索給法院，也要提供自己的財產做擔保。在台灣司法實踐上假扣押申請人要提供查封金額百分之三十的財產做擔保，在大陸則有多種不同的擔保標準，沿海一帶一般要求按百分之三十比例提供擔保，中西部地區則一般要求等額提供擔保（不過近年來已有鬆動跡象）。在台灣提供擔保的原則上只接受現金或有價債券或定期存單等，金額明確且變現率高，在大陸很多法院也接受提供不動產或汽車等做擔保，那麼，擔保物的價值如何評估？法律沒有硬性規定應檢附財產價值評估報告，往往只憑承辦法官的個人認知，提供擔保物後是否應對其實施查封，法院規定也不一致，有時看法官個人臉色而定。

有一家陸企向法院申請訴前財產保全，凍結一家台企的財產，提供的擔保物竟是已開發蓋了大樓且辦了在建工程抵押貸款的基地，且不對該擔保物實施查封，基地上的房子早就售罄，業主正在辦理國有土地使用權移轉中。台商向法院提出異議，主張應對該塊土地實施查封或命申請人更換擔保物，法官口頭回答「法律沒有硬性規定要查封，我會看著辦」，可見，法官在保全裁定的自由裁量權實在過大。其實訴前財產保全潛藏很大風險，因申請人客觀上無法預估判決結果，往往造成保全範圍過大的不利後果，申請人還面臨被求償損害賠償問題，得不償失。因此，在申請訴前財產保全之前務必要謹慎評估。

8、「保證」的陷阱：在台灣簽契約時，保證人若不特別寫明「連帶保證人」字樣，只寫明「保證人」字樣，除非該保證人具有法定連帶債務責任，否則不須承擔連帶保證責任，也就是取得了「先訴抗辯權」。一般保證人可以要求債權人先執行債務人的財產，在債務人無法完全履行全部債務時，一般保證人才承擔該不足債務；但在大陸則恰恰相反，簽合約時若不特別寫明「一般保證人」只寫明「保證人」則必須承擔連帶保證責任，也就是放棄了「先訴抗辯權」。簡言之，在大陸想替人作保時，別忘了多寫兩個字「一般」。再者，大陸擔保法有「保證期間」的設計，台灣民法無此規定，這種設計的目的在於維護保證人的權益，保證期間法定為六個月，但當事人可以約定延長期間，最長為兩年，在「一般保證期間」內，債權人未對債務人起訴或申請仲裁的，一般保證人就免除保證責任。在「保證期間」內，債權人未要求保證人承擔保證責任的，保證人免除保證責任。

有位台商為二奶做債務保證，習慣性寫明「保證人×××」，後來二奶捲款跑路，債權人查封台商資產，台商主張先訴抗辯權不獲支持，啞巴吃黃連，有苦說不出，直嘆都是二奶惹的禍。

【第二篇】

探索大陸律師

在大陸經商十年，我看過形形色色的律師，大體上可分為三類：「紅頂型」律師、「專家學者型」律師、「三無型」律師。這些律師的思路不同、作風不同，辦案態度當然不同。

第五章 研究人比研究書管用

美國是一個最講法制的國家，也是律師最多的國家。美國現有約四十萬名執業律師，平均每千人當中，就有一名執業律師。從華盛頓算到柯林頓共有四十一位總統，其中就有二十六人取得律師資格。

在中國大陸，律師人數世界第二，但多數律師還在為生存而折腰，距離政治精英尚遠。

大陸的律師大體上可分為三類，「紅頂型」律師、「專家學者型」律師、「三無型」律師。

所謂「紅頂型」律師，是指有著特殊的政治背景，能藉助政治資源左右逢源於國有企業與紅頂商人間，始終扮演著權力、利益、知識三者間的紅絲帶角色的律師。他們往往是律師大舞台上的明星演員，掌控著律師協會的要職，是傳統體制下的最大既得利益者，但也是較受爭議的一群，以承辦疑難雜症纏案或擔任大中型企業顧問為主。

所謂「專家學者型」律師，是指有著豐富的法學專業資歷（博士、碩士等），甚至有學術資源背景（教授、講師等），同門師兄弟及徒子徒孫任職行政、司法系統者眾多，案源不缺，形象亦佳。

所謂「三無型」律師，是指剛通過考試取得律師資格的人。這些人一無經驗、二無資源、三無客源，為了生存常常投靠中大型律師事務所，有的戰戰兢兢招攬業務，有的迫於生存壓力遊走法律邊緣，結果必然有人開枝展葉，有人打包轉行。

筆者特別針對「紅頂型」律師與「專家學者型」律師的執業心態抒表個人淺見，謹盼方家明鑑，希望對台商與大陸律師的合作有所裨益。

「紅頂型」律師普遍存在的五個心態：

一、研究人比研究書管用：書是死的，人是活的，大陸法院在龐大的國家權力機關中處於弱勢地位，所以不可能有多大強勢作為。法院依法接受人大常委會的監督，每年初召開人大會議時，法院領導都必須率團彙報年度工作狀況，為法院預算款保駕護航。

人大門口的景觀大道其實就是法官的升官大道，有升官要求的法官在人大開會前會是大道常客，而紅頂律師們有狼一般的嗅覺，可以從紛繁的各種氣味中找到自己需要的資訊，在提拔路線上尋找法官的恩公，這是訴訟中反敗為勝的靈丹妙藥。

再者，黨務系統的政法委、紀委也是法官們得罪不起的官爺，深諳政法委、紀委諸公的為人處事思路，關鍵時刻亦可發揮到大事化小、小事化了的功效。法院內部的派系鬥爭及裙帶關係也不可小覷，小兵也能立大功，連法官個人的隱私、八卦、家庭背景，也都是他們眼中不放過的細節。

這就是紅頂律師在司法權力的夾縫中仍能找到豐盛美食的原因。

二、寧願得罪當事人，不願得罪法官：在台灣，當事人是律師的衣食父母，在大陸，法官是律師的爹娘，這對新來的台商及找不到法院的老台商是不可理解的。

我公司有一回委託律師向大陸人民法院遞交起訴狀後，法院為了創收，無理要求我公司必須增列某項訴訟請求，否則不予立案受理，我屈指一算要多花人民幣一萬多元。老闆要律師出面力爭，結果是法官要律師出面力勸。還有一回，因人民法院的財產保全措施出現過錯，造成我公司受到財產損失，老闆準備委託律師出面與人民法院協調，結果律師當場「秒殺」了老闆的委託，因為這筆帳划不划算，律師比老闆還會算。

筆者認為律師只在乎讀懂法官的心，不管當事人的利。筆者在前面提到，大陸法院在國家權力機關中屬弱勢團體，律師們在司法界中就屬弱勢團體中的微弱團體。

三、法官不點頭，案件不上手：

「紅頂型」律師喜歡辦大案、接刁案，原因在於他能吃透關係，而不是吃透法律。他在接案之前會先測風向（測法院對雙方當事人的看法、態度、立場），探消息（對手實力強弱），自家法官研判形勢後點頭的，可接，搖頭的，不接，就連辦案費用也私下一次談妥，以便開價。開價肯定不秀氣，這種律師還算好律師，起碼不誤你事，儼然良心律師；當然也有黑心律師，吹牛不破天，直吹辦案沒輸過，大案大贏，小案照贏，嚴然出身皇親國戚家族，接案是來者不拒、大小通殺。所以，與律師打交道如同上街購物，多打聽，貨比三家不吃虧。

四、平時多維護，用時少投入：開車族都知道愛車平時若不維護，用時可能狀況百出，誤時誤事又花錢，關係也一樣，建立關係容易，要維護關係可不容易，就像招商容易穩商難一樣，紅頂律師平時忙於應酬，奔跑於酒攤之間，維護關係的成本是很高的，如陪打麻將、反覆慶生、喬遷頻繁、不停生病……林林總總的名堂實在夠嗆。令律師們頭痛不已的還不是一次投入要多少，而是不知次數有多少。次數多了，聚沙都可成塔，積水也可成淵，但倒楣的不會是律師，因為有投入就會想辦法產出，投入越大，產出也要跟著成倍加大，這就是「紅頂型」律師費用居高不下的原因。當然也有「紅頂型」律師選擇另類做法「平時少維護，用時多投入」，平時有狀況則東閃西躲，等案件上線時，再用力一紮，只要紮的夠準，紮的夠力，效果照樣會立竿見影。不過，值得一提的是，平時閃得不好看，躲得不高明的律師，很可能未戰就先敗。

五、發現路況不好，不會陪你繼續熬：「紅頂型」律師們若中途發現錯判形勢，對手半路殺出個「程咬金」，力大難擋，多半不會為你兩肋插刀玩到底的，這就叫「半路急抽腿，倒楣碰到鬼」，他頂多為你開出幾張處方箋，要你花錢去找「秦叔寶」。你若找不著，他是不會一直陪你熬，想折價退費更是沒門，委託書早就設計的滴費不漏。

那怎麼辦呢？加大自己的投入力度，減少對律師的依賴，但應繼續維持與律師之間的良好委託氛圍，千萬別劍拔弩張，也別消極對待。

接著來淺談「專家學者型」律師的四個心態，純屬筆者愚見，請大家不吝指正：

一、只求穩賺，不求大賺：所謂「專家學者型」律師就是學院派律師及專研法律較有心得的律師，頂著大學法學院副院長、教授、講師、碩博士等光環，不愛拉關係，先收費後辦事是其受託原則，所以穩賺不賠。大陸「專家學者型」律師比台灣同類型律師性價比可能低些，因其助手比台灣同類型律師相對少些，專業比台灣同類型律師稍有遜色，服務滿意度亦比不上台灣同類型律師，但收費普遍高於台灣同類型律師。如此看來，大陸「專家學者型」律師應該比台灣同類型律師富有些，其實未必，問題出在大陸律師人多案少，雜項開銷大，畢竟律師也是司法大家庭的一員，很多事是無法完全置身事外的。得罪一個法官，有可能得罪一個法院，得罪一個法院，也有可能得罪全市的法院，律師們點滴在心頭。

二、法院判決不依法，律師何必讀透法：市場經濟注重投入產出，更在乎邊際效益，學院派律師不願投入大量時間、精力專研法學，是他們深刻體會唸書的邊際效益不高。加上非專業法官仍充斥法院，司法監督、協調的領導又時有指示，這種審判環境下別寄望判決品質會鍍金，訴狀中再多錘鍊精闢的司法語言，句句入木三分，法官也懶得認真看。書念穿了又有何用？這是現實存在的普遍執業心態。

三、程序違法成常規，何必為此掉飯碗：大陸鄉里法院（指城市建設相對落後的城市的法院）有時程序違法是陽光下的事，毫不遮掩隱藏，如亂收費、亂立案、亂拖延、亂中止、亂執行、亂保全、亂質證、亂再審等。還有，時常會出現監督蹤影，有屬集體行為的，組織默認的；有屬個人行為的，但官官相護沒人問責，追根究底，大家都曾經如此，誰問誰的責？律師只能袖手旁觀，看在眼裡，當事人氣憤跳腳只會自傷身體，律師不會為了這檔問題槓上法院，他沒有這個膽，縱使有膽，往往也是白槓一場，甚至為此砸了窩，掉了飯碗，得不償失。法官吃定律師，猶如病貓也能吃定老鼠一般。

四、法院判錯，一定不是我的錯：千錯萬錯都不是師字輩的錯，這是律師、醫師、會計師、工程師等師字輩的大師們的共同心態，首先就怪對手太強手法太髒，接著怪司法不彰、監管無能、法官專業不足、貪污腐敗，最後怪當事人不聽勸、不配合、意見過多壞了事，從頭到尾，從口頭到行為，就是自己絲毫沒錯。

第六章

「處方箋」滿天飛

病急亂投醫，處方箋當然每天飛。

在大陸鄉里法院打官司充滿懸念，高潮迭起，律師開出一張張「處方箋」正顯露他的無力感。

律師開出的每張「處方箋」代表當時的最佳良藥，代表當時能維護你合法權益的關鍵人物，或許是合議庭成員，或是庭長、主管院長、院長，或是人大內司委，或黨務系統的政法委、紀委，甚至書記，原被告雙方的關係較量，越是勢均力敵，雙

方擺出的陣勢越高深莫測，碰觸到的階級層面也越高。

在大陸打官司律師發揮到的作用與台灣律師有很大差別，大陸律師是多功能的，幫你擬定作戰計畫（用對方法），書寫狀紙（做對事），打探軍情，開「處方箋」（找對人），但功能多了就會參雜一些多餘的功能，容易出故障。台灣律師功能簡單，只幫你擬定該說的話，要否認的事及書寫狀紙，在一般情況下沒有「處方箋」可開，性能有保障。

大陸律師更多精力擺在搭建人脈金字塔上，學會聽懂領導的內心話，懂得裝傻、糊塗做人，拍馬屁功底要雄厚，拍得順手，說得順口，讓聽者順耳，更像經紀人而非代理人，法律底蘊與台灣律師相比普遍相較甚遠。在大陸純正的專業律師往往攬不到多少業務，賺不到幾毛錢，常常入得了門卻入不了道。

「紅頂型」律師較能賺錢，較有市場，這是需求決定供給的結果，所以越來越多純正的專業律師不得不往紅頂方向靠。在大陸鄉里法院打官司，法律講多了往往浪費口舌，拖出關係，搬出政要還管用些。

「苦！憐君何事夜難眠？誰？雲破月來花弄影」，試問又有何方神聖能讓雲層破散月兒亮相呢？有誰能讓花枝招展、撫弄身影呢？有這本事的肯定是「風」，風傳來了資訊，帶來了想像，唐朝詩人孟浩然的五言絕句《春曉》有云「……夜來風雨聲、花落知多少」，想必讀者人人耳熟能詳。

當然，孟浩然寫詩當夜也不知落花到底有多少，憑的是想像。那麼，當今能讓原告、被告徹夜難眠的又是誰？律師！多數大陸律師兼扮演著「風」的角色，傳遞訊息，帶給原告、被告憧憬與想像。隨著訊息內容的變換，當事人跟著整夜不眠，一有法院訊息傳出，律師便要對症下藥，開「處方箋」，弄得當事人「午醉醒來愁未醒」，尤其當兩邊的當事人都有豐富人脈，都各顯神通時，判決結果更是撲朔迷離，審理過程肯定高潮迭起。這時「處方箋」定是滿天飛，每張「處方箋」花費可不菲，到頭來受害的仍然是原被告自己，律師金身不敗、永不受傷，這也是為何有那麼多律師樂此不疲開「處方箋」的原因。

一般大陸律師腦袋裡的處方，依筆者愚見不外下列幾種：

一、監督類四帖處方（這是大處方）：

1、請當地「中共黨委常委」批文：這帖藥幾近萬靈丹，絕非凡夫可取。

2、請當地「人大常委會內司委」批文：人大內司委負責當地司法監督工作，而人大常委會手中握有任用法官的人事大權。這帖藥很靈，除了不治之症，常常藥到病除。

3、請當地「中共黨委政法委」協調：政法委負責加強政法工作，也是社會治安綜合治理工作的參謀和助手，政法委系統一般包括公安、檢察院、法院、司法、國安、武警，如中央政法委委員就包括了最高人民法院院長、最高人民檢察院檢察長、國家安全部長、司法部長等，足見黨委政法委對公檢法的協調能力。各地黨委政法委領導適時關注司法案件的發展過程在一定程度上起到了監督鄉里法院公平公正判決的作用。

4、請當地「中共黨委紀委常委」調查：紀委負責黨員的紀律檢察工作，對黨員法官的紀檢壓力不言可喻，中共中央紀委監察部為加大反腐鬥爭的力度，將派駐機構由雙重領導改由中央紀檢監察部直接領導，加速剿滅腐敗。若君非法院常客，僅偶發零星訟案，在訴訟過程中若發現對方有權錢交易嫌疑，可檢附相關資料向當地黨委紀委報告，亦可起到嚇阻作用，但若君乃法院常客，訴訟是公司業務拓展中不可避免的事時，筆者刻骨銘心提醒你，向紀委投訴之途忌諱行走，否則，雖解得了一時之渴，恐怕來日必遭大難，切記！切記！

在目前司法腐敗嚴重的情況下不能只重事後監督，追回正義的成本往往是當事人無法承受的，那麼事中監督尤其重要，再配套少量事前監督機制，撒下三道監督網盼能有效防堵司法腐敗，可惜亦有部分監督領導在被當事人誤導情況下依人情託付做出了錯誤的監督，間接影響了判決的公正角度。

二、審判類四劑妙方：

1、拉眾擊寡：大陸法院民事審判普通程序採合議制，合議庭成員有三人，審判長、主審、審判員（或陪審員），形式上採多數決，即縱使獲得審判長一人支持，若失去另二人的認同，仍會收到令人不服的判決書，所以律師會提醒你要用心拉眾擊寡。但理論與實務往往是針針懟而非綿綿舊戀，根本不睡同一張床上，當主審兼審判長時，必定還要擺設兩個花瓶即塑像審判員（或陪審員），這時真理就落在少數人身上。

2、拉大打小：每個法院設有數個民事庭（一般設三～六個庭），每個民事庭有庭長一人、副庭長（二人左右）、法官多人，庭長對合議結果有異議時，表示庭裡意見不統一，有些法院規定須協調一致方可做出判決，無法協調一致則須送審判委員會裁決（大陸法院特有的組織），合議庭成員除非三票相連意見一致否則不敢與庭長對著幹，當庭長的心脈博堅而明時，鬆散的合議庭將會潰不成軍，唯命是從，所以律師會建議你拉大打小，也就是拉攏庭長制衡審判長。

3、請神出山：若庭裡出火了，那麼，主管副院長的立場可以發揮到滅火作用，除非庭長神經長瘤，否則仍懂得見風轉舵的道理，此時稱職的律師就會賜你錦囊妙計。

4、隔山敲牛：當合議庭意見與庭長相左時；當庭裡意見一致卻與主管副院長背道而馳時，當庭裡不堪負荷外來壓力時，都可能移送審判委員會裁決（也是採多數決，成員包括院長、副院長數人、庭長數人等），這也是雙方勢均力敵相互挑釁的產物。此時院長的表態或多數人的意見決定案件命運，你的律師可能會教你隔山敲牛的方法。

第七章 也該讓你的心靈做做瑜伽

律師朋友們，你要懂得有尊嚴的工作，而非認命的工作。再忙，也要讓心靈做做瑜伽，不要過度遷就腐敗的司法，這是律師業的天敵，這是與魔鬼打交道！

美國法律倫理大師黛博拉．羅德博士寫了一本《律師的貪婪之路》，在美國引起震撼，在台灣也引人關注，在大陸呢？尚激不起一點漣漪。

原因大概有二：

1、中國自古以來司法環境就十分惡劣，百姓不信任司法，

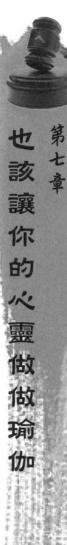

在鄉村秩序中已自然發育形成一套糾紛排解機制，在城裡亦往往透過私了管道解決紛爭，百姓對律師始終白眼相看。

2、中國傳統倫理思想中的「無訟」、「息訟」也深深烙印在人們心中，如《易經》寫道：「訟則終凶」，《論語》記載：「聽訟，吾猶人也，必也使無訟乎」，莊子指出：「治，亂之率也」，大陸百姓有厭訟情結，認為律師的貪婪事不關己。

大陸每一萬三千人才有一位律師，照理律師佔的比例偏低，所得的報酬理應很高，但恰恰相反，多數律師仍苦於案源不足。美國每一千三百人就有一位執業律師，他們卻是高收入族群者，兩者儼然形成鮮明對比。大陸新進律師法學知識相對較強，但執業經驗較弱，很難招攬客戶。律師越來越多，過度競爭的結果使律師們忘記了自身的職業角色和社會責任，淪為有錢人的工具。

有錢人未必擁有較多的正義，但律師們趨之若鶩，窮人缺乏正義不是因為他們遠離正義，而是他們沒有擁有正義發聲筒。大陸律師多數平日忙於應酬，已成為酗酒的高風險族群，應酬名目過多，應酬費用過高，這也是大陸律師收費高於台灣律師的原因之一。

很多大陸律師為了錢而過度忠於當事人，濫用訴訟制度及司法資源的現象層出不窮，如拖延訴訟進行，不斷提出異議，刻意隱藏重要證據，捏造不實陳述等。難怪兩千多年前的塞內卡說：「辯護律師是社會不正義的幫兇」，柏拉圖也遣責律師是「卑微惡毒的小人」，奧登則形容得相當貼切「律師們正奔向滾滾的財富」，紐約客有一幅漫畫畫著一位律師問當事人：「皮特金先生，你能買多少斤正義？」」當然，好的律師有之，僅因微乎其微而無法發揮到撥亂反正的作用罷了。

當今西方國家很多法學院都開設了「法律倫理」課程，大陸法律人也不妨在入行之前先淨化一下心靈，給自己心靈做做瑜伽。

首先，律師業是否比照醫師職業分類？

醫院有牙科、外科、內科、心臟科、耳鼻喉科等科室，這樣分類的好處是：一、提升了各科醫術水準；二、增強了病患的信賴；三、利於政府管理；四、容易掌握社會醫療動態；五、利於醫學院調整生員，因為病患並不需要萬能醫師，要的是對症專業醫師。

律師也應進行職業分類，如刑事律師、民事律師、非訟律師、稅務律師、知識產權律師、涉外律師……。在大陸，司法解釋法律、行政解釋法律多如牛毛，律師個人以有限的精力欲鑽研無限的解釋，既費力又不專精，還容易發生不同領域的價值觀混淆問題。比如，民事律師的職業價值觀注重公平正義，公益律師的職業價值觀側重惠眾與利他，商務律師的職業價值觀偏向效率與效益，不同的律師有著不同職業倫理，如此改革將能一掃律師貪婪、邪惡的社會形象。

其次，健全法律援助制度。早在五百年前，英國就有了法律援助制度，直到近百年來英國皇家律師協會的律師們經常從事此類事業。他們認為，富人打贏官司不代表他們擁有較多正義，窮人打輸官司甚至不敢打官司不是他們缺乏正義，而是沒有得到相對的法律服務。人人都是光著屁股平等而生，死時也都一樣不帶分文去見上帝，所有的人都應該有機會被法律的光芒照耀，這樣，才是真正的正義。具有諷刺意味的是，在大陸，多數律師還是認為法律援助是黨的事，是政府的事，不是律師的苦差事。

宋朝詞人晏殊在《踏莎行》中寫道：「垂楊只解（懂）惹春風，何曾繫得行人住」，那麼，當今某些大陸律師何嘗不是只知惹訟風，何曾繫得愁人（原告與被告）住。

如何讓所有人都有機會被正義的光芒照耀，是大陸律師責無旁貸的事，但這條路走起來依然曲折無比。

【第三篇】認識大陸法院

大陸坊間有句順口溜——「黑頭不如紅頭，紅頭不如無頭，無頭不如口頭」，意指黑字開頭的法律法規不如紅字開頭的機關文件，紅字開頭的機關文件不如沒有標頭的領導批示，而沒有標頭的領導批示又比不上領導的口頭指示。

這就是大陸法院人治大於法治的真實寫照。

第八章 殘缺的司法正義

從清末沈家本奉詔修律至今，中國引入近代法律已逾百年，但兩岸分治後法制卻有著根本上的差別。

台灣法院的財務預算程序是經司法院統一編列後，經行政院編入中央政府總預算案送立法院審議即可，行政院不得刪減司法預算，法院不受政府財務制肘，但大陸法院的財務預算程序是由法院自行編列後送至該地方人民代表大會審議，而地方的人民代表大會常委會與該地方的共產黨常委會、該地方的市縣政府等又有著千絲萬縷的關係，他們勒住了法院腰帶，法院為了五斗米也不得不折腰。若訴訟當事人與該人大常委會或黨

的常委會或市縣政府領導有著近距離的關係，必然影響法院的審判結果，鄉里法院（註1）尤其嚴重。不去過大陸的人都熟知一句話：「只要有關係，犯什麼錯都沒關係」，就是這個粗淺易懂的道理。不過，在當今習李體制的大力反腐倡廉之下，過去的這句話似乎也在悄然變化中。

台灣法官是經司法官特考及格後任用，或律師考試及格並執業三年以上者，或大學法律系教授並經高考及格者轉任，終身受法律保障，除非受刑事或懲戒處分，不得免職，故無人為摘帽困擾。但台灣法官多數沒有社會工作經驗，且權大俸優責小，剛愎自用、我行我素者亦容易造成冤枉錯案。

大陸法官就大不相同了，早期他們沒有司法官特考的機制，只要經該地方人大及其常委會通過即可任用。法官有來自軍轉幹部的，有來自皇親國戚的，有人念了哲學系博士班（在大陸屬法學院科系，也被推舉為法院院長的，因為他有法學博士學位，這檔事在台灣會很奇怪，在大陸則見怪不怪。免除法官職務也非常之寬，如法官的職務有變更時、經考核確定為不稱職的，還有因其他原因需要免職的。

註1：本章所稱鄉里法院乃概念性的指經濟發展相對落後的城市裡的法院，因經濟發展越落後的城市其司法腐敗也越嚴重，非指鄉下里的法院，也非指特定法院。

台灣法官的月薪在台幣十五至二十萬之間（折合人民幣約三萬至四萬），在台灣薪水階級中屬金字塔頂端者，反觀大陸法官除少數發達城市月薪可達人民幣萬餘元外，一般城市法官月薪僅人民幣四千元左右，無法發揮到高薪養廉的理想效果。但若將法官待遇拉高，卻沒有提高新進法官的進職門檻，及提高現有法官的專業素質與道德素養的話，將造成其與該地方機關公務員的總體素質相近，而薪資差距卻拉得過大的畸形怪態，產生公務員間的不和諧。

相對大陸沿海發達城市法院的民事判決而言，鄉里法院更加注重當事人的「利益平衡」，不管誰是加害人，誰是被害人，誰是違約方，誰是守約方，各打五十大板再說。並且十分重視「領導批文」，領導一出手，管它道理有沒有，照著判前途才會有，不照判恐怕連位子也沒有。大陸湖南省某些法院就是如此，使得司法的正義在這裡變得殘缺不堪。

司法腐敗大體上分為個人腐敗與政治腐敗兩種。個人腐敗指法官（泛指合議庭成員、庭長、審判委員會成員）貪贓枉法，具體形態如受賄、索賄、敲詐、勒索等。政治腐敗指基於政治因素，影響法官公正地行使司法審判權，或當權者運用權力去操縱審判結果，而法官直接或間接從中獲益。

個人腐敗多半是法官憑藉濫用自由裁量權，而又對其缺乏問責所造成，但司法問責與司法獨立又相互矛盾和衝突，為了問責必先設計監督機制，那麼誰來監督監督者呢？優質的監督，適時適度的監督就像久旱天賜三更雨，必能發揮到炎海變清涼的效果，當然很好，但惡質的監督碰上腐敗的法官就亂透了。

如果僅僅強調司法獨立，那麼如何保證法官能公正行使司法審判權？如何保證法官的道德操守值得信賴？如何保證法官的法律素養足夠專業？這是大陸各法院面臨的全面性問題。

其法官的聘任制度決定了法官的專業水準及公正立場，想根本性、全面性解決還言之過早，但若改革速度過緩，不能滿足人民忍受的最低標準，深恐造成社會的動盪不安，也將造成外資卻步進入或蜂擁出逃。

再者，大陸法院的財政來源主要來自地方財政，若地方財政吃緊，自然造成法院財政不足，如此又將導致法院想方設法開闢預算收入管道。若由法院自主財政，依賴自身的行政性收費與罰款收入，則在出現入不敷出時，法院知法犯法巧立名目亂收費的情況又會發生，甚至還會向有收入來源的庭局下達創收任務，當事人的訴訟成本自然居高不下，想追回半斤小雞卻賠上一斤小米的事將時有耳聞，壞事傳千里，當事人聞訟色變，司法訴訟案未能隨 GDP 成長而相應成長，甚或呈遞減現象，法院成本在增長，但收入卻在縮水，惡性亂收費將一演再演。

例如：在執行方面，當事人提供的執行贊助金較高的、執行難度較低的就優先執行，否則，拖案不辦，甚至有案不立；在刑判方面，以罰代刑也將層出不窮；在地方保護主義方面，貧困縣市勢必再度抬頭，因為有些大廠甚至支撐了地方財政的大半，該廠的對外債務將會被視為地方政府、地方法院的債務，外地債權人想來執行債權難如上青天；該廠的對外債權也會被看作地方政府、地方法院的債權，會全力配合追討。

早期的美國，腐敗問題與財政問題也是緊密相連的，但在當時，腐敗是世界性問題，是時代產物。當今已邁進二十一世紀，腐敗只是少數發展中國家特有的現象，非時代產物，非全球性問題，觀之大陸自改革開放三十年來貪腐始終不斷，短期內仍有欲罷不止的勢頭。大陸能用十年發展縮短與先進國家三十年差距，全世界為之瞠目結舌，為何不能複製在肅貪成績單上？

司法機構是國家的權力機構，不該有自負盈虧的責任，公平高效的維護司法正義才是法院唯一的使命，完成這項神聖使命對提升大陸司法整體實力依然有莫大助力，比如：縮短冗長的訴訟程序猶如交通部開發一條零成本的高速鐵路；公平公正審判猶如商務部出台一則掃除投資障礙文件。我們靜待大陸官方高調提出的反腐倡廉口號能高速落實在地方權力機關裡，讓我們看到期待已久的浩然青天出現在司法的天空中。

第九章 「法」，大陸有錢人都看反了

今日很多大陸有錢人看「法」其實都看反了，認為「法」是左邊三點水右邊一個去字，意指到法院要走水路去而不能光明正大走大道去，這是何等荒唐的事。

「法」的正確說文解字是「去除邪惡，公平如靜水」，要讓有錢人對「法」不再看反，根本上要從法制、道德、專業、待遇等四大方面改革做起，方能奏效。

法官對五千年炎黃子孫而言，它代表著青天，自古就有，千年沿習，法官若不能潔身自愛，自己都在貪贓枉法，那麼，人們就看不見青天了。如果法官變質了，就像用一把生滿鏽斑

的手術刀來切除毒瘤，結果是手術刀成了潰爛的催化劑。

行政再腐敗，只要司法不腐敗，就有懲治腐敗的希望。

法國思想家盧梭說：「一次不公正的司法判決比多次不公正的其他舉動為禍尤烈，因為其他舉動的不公正不過弄髒了水流，而不公正的司法判決則把水源敗壞了。」

大陸司法改革是不能承受之重，還是極能承受之輕呢？

如果將它當成耶穌受釘十字架上，當然是不能承受之重，如果將它當成耶穌的誕生，那麼，這又是極能承受之輕。

目前，大陸鄉里法院貪腐嚴重，常有民事判決不明、刑事判決不行的怪事發生，另者，濫權監督橫生，也造成終審不終的亂象叢生，訴訟程序往往曠日廢時，但相信這種現象將因司法改革而像流星劃過天空一般，瞬間即逝。那些愛上流星的人，是很難長期停留在主流社會的天空中的，讓貪腐遠離，讓清官比親人還親，比愛人還近。

第十章 當黑暗天使來臨時

世界上存在黑暗天使，它試圖破壞上帝耶和華成就的一切善，它是耶和華的敵人，終將受到末日審判。

《聖經》第一篇《創世紀》開頭就記載神說光是好的，便創造了光，這是第一天，也是首創，第二天創造了空氣，第三天創造了陸地與大海，第四天創造了花草樹木，第五天創造了飛禽走獸，第六天創造了人類，第七天神就休息了。據說，這也是一週七天的由來。既然上帝說光是好的，為何還會有黑暗呢？這是上帝的仁慈，讓人類有寧靜的休息時間。那麼，黑暗中怎麼又有天使呢？

其實這個常在黑暗中出現的天使就是魔鬼撒旦，他外表光鮮華麗，卻滿肚子鬼點子，人前勤握手，背後下毒手。當黑暗天使來臨時，你是否準備好了？是否經得起考驗？黑暗天使喜歡接近掌權的人，利用他在揮灑權柄時，腐蝕他的心靈，使他貪婪、墮落，黑暗天使也會趁他失意時誘惑他作奸犯科。

前面章節說過大陸法官的帽子被控制在就近的某些權力機關裡，法院的腰帶也被纏繞在僅隔數碼之遙的人大殿堂中，但這都不能做為法官貪贓枉法的藉口，只可以同情，不可以接受。你可選擇去與留，不可選擇貪與枉，你想得到心靈上的幸福何必家財萬貫。今天你貪財或屈服壓力，枉法審判別人，明天等待神來審判你，濫用監督權力的領導亦是如此，你雖不是操刀劊子手，卻是刀後推手，魔力無邊的黑暗天使終將接受審判，何況只是短暫握權的你。

因為心在左邊，是偏的，所以偏心審判是合理的，但應偏向道義而非偏向利益，該偏左邊就不能偏右邊，如同心臟一般。這個世界是靠右手打造的，所以右手肌肉拉力自然強些，左手是不能抱怨的，不能要求平等對待的，法官判案也要如此毋縱毋枉，該判給右手的，就不能判給左手，使右手的肌肉拉力更強，做更多的事，也逼使投機的左手多加參與工作，如此，人的雙手才能均衡成長。要嚴懲違約方，使其違約成本增加，而後不再隨意違約，要補償守約方，使其願意繼續守約，這樣社會發展才能和諧幸福。

在大陸鄉里法院不懼惡質監督壓力、不為金錢誘惑的好法官，可謂鳳毛麟角。他們處境尷尬總是與升遷擦身而過，在這種環境下他們對當事人也只能有說不出的抱歉。壞法官則花樣百出，他們往往會冒充黑暗天使，在開庭時假裝訓斥對方一番，對你顯得親切友善，他是在鬆懈你的防禦，解除你的武裝，讓你不再去找關係添麻煩，或對他進行騷擾。等你接到判決書時，你就知道什麼叫白天碰到鬼。壞法官不怎麼需要為自己的行為加點防腐劑，因為在這種氣候下壞東西也不太會腐爛，法院本身就是個大冰箱，我們別再好奇了。

當黑暗天使潛藏在法官身上時，開庭審理只是個過程做做樣子而已，與審判結果沒有一絲因果關聯。台上法官矯情之心已定，台下的當事人卻渾然不知冬天已經悄然來臨，還在盼望著秋收果實的到來，無奈呀！

我在大陸台商企業從事法務工作已逾十年了，大陸鄉里法院的腐敗現象不休，「三無」訟者淚水不斷（所謂「三無」訟者指沒錢、沒關係、沒法律專業的訴訟當事人）。大陸「三無」訟者時常在審判落下帷幕時才恍然大悟，原來當時問話調查只是在為已定結果找理由尋根據，從頭到尾自己扮演的就是傻子角色。任你理由多麼堅不可摧，多麼無懈可擊，判決理由可輕描淡寫一筆帶過，有的甚至前言不搭後語，破綻百出，令人啼笑皆非。

這種種現象路人皆知，領導層豈會不知?!

筆者認為，我們既然賜給法官一件最讓黑暗天使樂於藏匿的法袍，就該同時賜給法官一粒夜明珠，外加一顆定心丸。提高法官的社會地位，促其潔身自愛，提高法官的道德規範，讓其如同夜明珠一般，能點明黑暗；給予法官優厚待遇、確保職位，如同給他吃了一顆定心丸，讓他專心研讀法律，服務司法；加強專業進修，使其吃透法理法規，充分瞭解市場運作與交易習慣；即要適度為其做好心理消毒，也要懂得為其增強免疫力。那麼，當黑暗天使向其招手時，他才有說不的勇氣和本錢，只知一味呵責法官，治標不能治本，且未免不近人情，強人所難。

第十一章 不是我要看破你，而是我想突破你

想瞭解大陸法官的普遍心態就得先瞭解大陸法院的管理體制，大陸法院的管理體制在很大程度上是實行以行政權為核心的行政化管理體制，法官的管理仍然帶有很鮮明的行政色彩。

在大陸，法官的考核依然是按照公務員考核的德、能、勤、績、廉標準，但是在實際中，由於法官職業的特殊性，完全按照公務員的考核標準，是不能適應法院獨特環境的。法官若不能對自己扮演的角色進行一個正確定位，要想維持超然獨立的立場是有困難的。加上地方行政掌控著地方法院的財政，法院乃至法官的切身利益與地方利益就有了割捨不掉的牽扯，地方

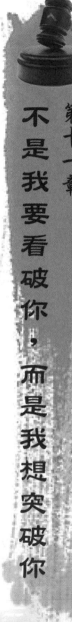

保護主義無形中滲透、籠罩在法院的審判工作上。法院雖掌握當事人的審判大權，同時地方機關領導也掌握了法院領導的職務升遷、調度、任免大權，法官在審判工作上威風八面，當事人個個敬畏三分，但事實上他只是個泥菩薩自身都難保，叫法官為維護司法正義去頂牛，去頂著去職、調職、降職的風險是不現實的。

筆者總結十年來與大陸法官近距離打交道的體會，及來自大陸律師朋友間的無縫交流，寫出大陸局部地區的局部法官群的七種現象，以供讀者參考：

1、先求自保再求判好：不能自保如何幫別人判好？只有屈指可數、寥若辰星的法官敢頂著領導指令所蘊涵的強制物語，敢鐵面無私地揮灑司法正義，將司法審判視為一種良心事業工作。但我們發現這樣的法官只能原地駐足等待退休，升官肯定沒門。不過這種法官也無心去爭搶法院升遷的獨木橋，習慣清風度日，筆者也慶幸認識了幾位清新型法官，深知他們內心深處的無奈；多數法官則仍樂於躲進染缸裡，不但七顏六色的賞品入手，還會受到家族保護，一舉兩得、何樂不為？所以先求自保再求判好是大陸局部法官存在的突兀心結。

2、枉法判決也是為了討好生活：從大陸法官的專業化程度來說，很多法院都有部隊轉業而來的法官，存在民事法律知識淺薄不足的現象，還有靠五花八門管道擠入的非科班法官，存在靠關係而來順關係而做的現象，縱使是科班畢業的法官，大多存在年輕化經驗不足的現象，既然年輕就有生活壓力。而大陸法官的職業保障不到位，薪資待遇偏低，審判津貼落後於工商、稅務部門的公務員，法官應有的司法正義感、社會使命感，難抵生活壓迫感。

3、錯判可以改判，何必怪我亂判：大陸局部地區法官普遍因專業不夠、經驗不足、立場不堅、操守不硬造成整體社會形象不佳，法官因此沒有職業的尊榮感，加上整個大陸社會價值觀嚴重扭曲，重物質文化輕精神文明，法官們也深受影響。當事人不服一審判決當可上訴二審救濟，二審維持原判，表示一審並無錯判；二審予以改判，表示一審錯判並無造成損害。既然百姓普遍帶著有色眼鏡看他們，他們也就帶著有色心態回應百姓，最終倒楣的還是手無寸權的百姓了。再者，留點迴旋空間給上級，似乎是上下級法官間的默契，怪不得葫蘆僧亂判葫蘆案的離譜審判也就司空見慣了。

4、何必為了一個當事人去得罪一個領導：二審法官身攬終審判決大權，同樣也盡攬道德壓力於一身，誤判給當事人造成的傷害將成為現實，內心背負的道德譴責自不在話下。大陸鄉里法院的二審法官很大程度將精力投在尋求雙方不滿意的底線上，也就是判了之後雖雙方都不接受但仍可忍受，但這是建立在雙方背後神明法力伯仲之間的情況下，如果你有七分理，但東找人西找人始終沒人理，別怪我沒有事先告訴你，判決可能對你很不利。因為法官不會為了一個眾生去得罪一個神明，簡言之，法官不會為了替你伸張正義而得罪對方搬來的領導，那時，你就會深深感受到什麼叫剃頭擔子一頭熱，不論你表達能力多強，纏媚功夫多到家，你的熱臉只會貼著法官的冷屁股。

5、拖得越久，好處越多：筆者大致就大陸民事訴訟法一審起訴的結案期限與二審上訴的結案期限做個簡單說明：

一審起訴結案期限：適用普通程序審理的案件，應當在立案之日起六個月內審結。有特殊情況需要延長的，由本院院長批准，可以延長六個月；還需要延長的，報請上級人民法院批准。適用簡易程序審理案件，應當在立案之日起三個月內審結。

二審上訴結案期限：應當在第二審立案之日起三個月內審結。有特殊情況需要延長的，由本院院長批准。

我公司於二〇〇三年八月在湖南省長沙市購買了三套房子，前後打了九年官司才見終點，因為拖得越久，居心不良者好處越多。不法者送禮送出了傳統，也送出了曖昧的信號，這種風氣只有法官心裡有數，只有上帝看明白。

不過自二〇一三年一月一日起萬元送禮該踩剎車了，大陸最高人民檢察院在二〇一二年底公佈了《關於辦理行賄刑事案件具體應用法律若干問題的解釋》，解釋規定，為謀取不正當利益，向國家工作人員行賄，數額在人民幣一萬元以上的，應當依照刑法規定追究刑事責任，最高刑責還可能碰撞到無期徒刑。花大錢買來坐大牢的事，我想台商朋友是不肯幹的，抓行賄徹底一點肯定對多數台商是件利好的事。

6、判決方向不可錯搞，判決理由可以瞎搞：在大陸鄉里法院影響判決的主要因素有三：領導立場、利益誘惑、事實依據。當法官發現領導的蹤跡，就會展現驚人的嗅覺，只要領導立場明確，迎合的判決理由並不難寫，法官們不怕判決理由經不起日照，只怕領導看了會變臉，若雙方動用的關係較單純，那麼，利益左右判決方向的情況也夠令人咋舌，判決歪理是難不倒法官的，這點不用外人瞎操心。只有在當事人雙方都裸訴（不花錢、不找關係、不請律師）的情況下，事實依據才能回歸應有的價值，判決理由才稱得上陽光。

很多台商在訴訟過程中吃了不少違約金的暗虧，同樣的合約內容，同樣的違約情況，由台商來起訴請求，多數吃了閉門羹。理由五彩繽紛，有的直指證據不足，有的迂迴拐彎隨意抓你一小撮小辮子，辮子長短不論，最後來個互有違約、互不相找，輕鬆不費力的駁回你的訴訟請求，讓你拿起判決書看的很吃力，丈二金剛摸不著頭緒。若起訴角色對換，換成陸企告你違約，向你請求違約金，只要你被揪住一點點小把柄，肯定會有一幫人惦掛著你的皮脂厚度，準備狠狠剝你一層皮。大陸某些法官濫用自由心證已經出神入化了，因此關門大吉流竄街頭的台商不在少數，想想當年西進的雄心豪氣是多麼不堪一擊，還是先唱唱《不如歸去》，再另謀東山再起吧！

7、法律本是權力機構施政的工具：大陸鄉里法院的法官錯判案子的情況可說氾濫成河，但法官們內心意識並不這麼認為，他們習慣在法律法規之前尋找關係平衡、利益平衡，認為平衡是穩定的基礎，而穩定又是和諧的基石，故在此前提下做出的平衡判決，縱使與法有悖，仍自認是締造和諧社會的尖兵。多數法官們認為法律本是權力機構施政的工具，是統治者施政的一種手段，執法要深度考量因此造成的社會後果，所以執法的時機、力度、方式就會因地制宜、因時制宜、因事制宜。

台商們則認為法是神聖不可侵犯的，法是統治者施政的依據，執法造成的社會後果應由立法機關與行政機關來衡量、防制，非司法審判機關的職責。我們對法的界定是嚴謹的、嚴肅的，執行的彈性也只限定在法的規範內，一切行為都陽光透明，社會就井然有序。

在台灣雖有違法亂紀的錯判案例，畢竟相對少數，多數是因法官社會經驗欠缺且過度剛愎自用導致誤判。台商們與大陸法官們對司法審判作用的認知有著根本上的差距，自然無法理解判決結果，思想衝突便一觸即發。大陸法官對法律專業相對不足，但相關社會經驗則較豐富，因大陸法官在審判過程中較能人性化地與當事人溝通，他們允許當事人到法院與法官充分溝通案情，對社會交易習慣知之甚詳，遺憾的是大陸法官在審判過程中又過於妥協，這就是大陸法官普遍存在的第七個現象「法律本是權力機構施政的工具」。

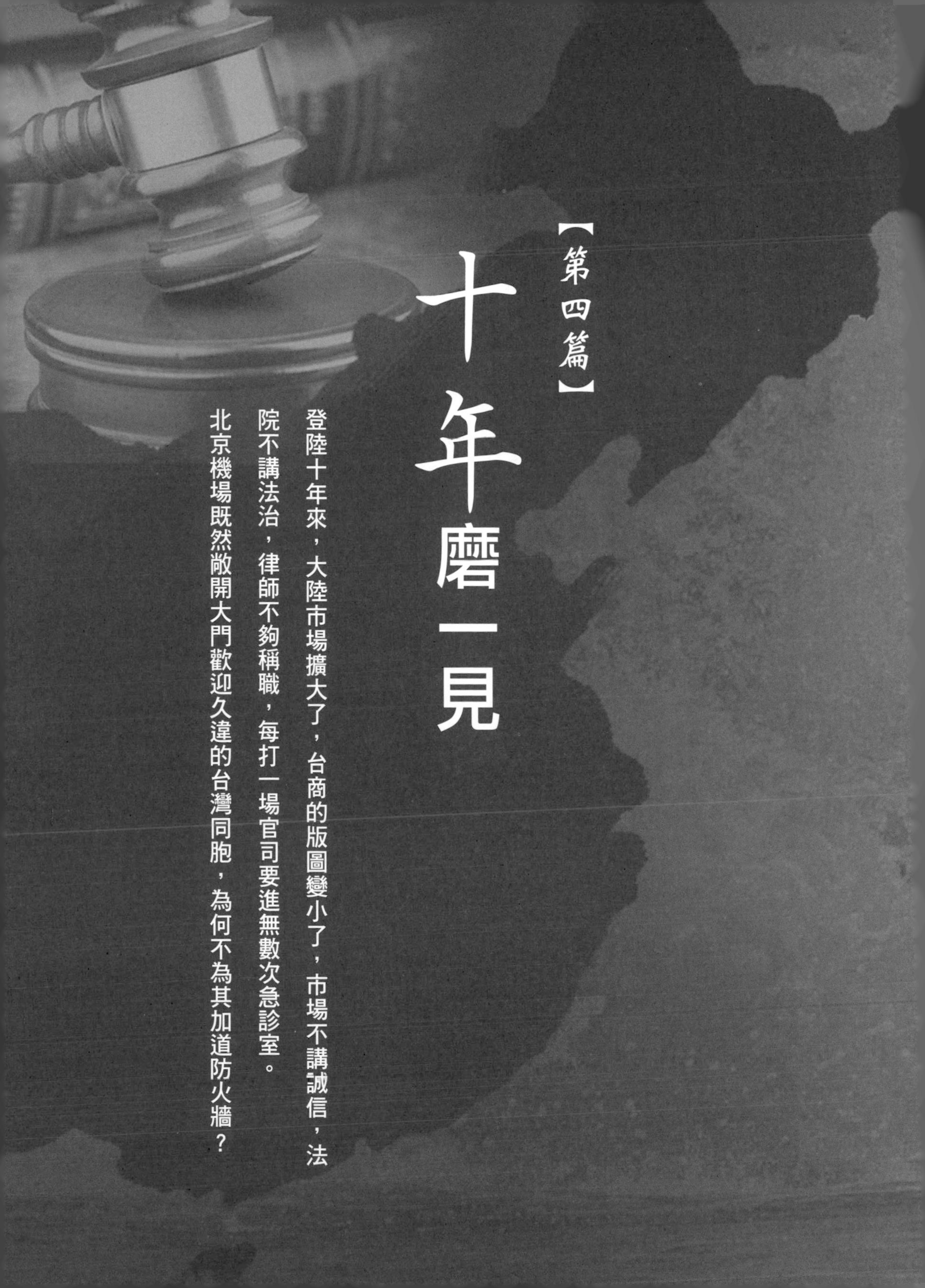

【第四篇】十年磨一見

登陸十年來，大陸市場擴大了，台商的版圖變小了，市場不講誠信，法院不講法治，律師不夠稱職，每打一場官司要進無數次急診室。

北京機場既然敞開大門歡迎久違的台灣同胞，為何不為其加道防火牆？

第十二章 看不見的光

仲裁委的院子裡地方保護主義更鮮明。當案情涉及地方利益集團時，那個左右全局的黑影就會在案情四周搖晃飄逸著，台商的悲歌將再次高調唱起，台商朋友切勿掉以輕心。

閱讀本章節之前，先來認識下大陸的仲裁機構：

一、法律素養低的皇親國戚也能混進仲裁員大隊裡。

大陸司法體系賦予仲裁機構的仲裁權比賦予法院系統的審判權要來得超然獨立些。例如：一裁終局的設計（大陸仲裁法第九條），沒有任何改判的配套機制，只賦予仲裁委員會所在地

的中級人民法院有撤銷裁決權（大陸仲裁法第五十八條），或發回重新仲裁（大陸仲裁法第六十一條），或由執行法院依大陸民事訴法第二百一十七條（舊版，二〇一二年新修正版為第二百三十七條）規定裁定不予執行等權力。而撤銷仲裁的法定理由又僅侷限於程序違法上，亦即實體審查錯誤不能做為撤銷仲裁的理由，那麼，在仲裁員法律素養不足時，是否置當事人於風口浪尖上？這是沒有寫進法條的那一條。

別以為仲裁員名冊中的仲裁員都是資深法律專家，依大陸仲裁法第十三條第一款第五項「具有法律知識、從事經濟貿易等專業工作，並具有高級職稱或者具有同等專業水準的」都有資格被當地仲裁委員會聘任為仲裁員，筆者試問什麼是「同等專業水準」？有意向的皇親國戚就可能輕易的被認為有此水準，本案首席仲裁員硬將房地產仲介代理說成國家特許行業，這也具備同等專業水準嗎？

二、仲裁裁決表面上採取多數裁，實際上一人獨裁。

依大陸仲裁法第三十條規定「仲裁庭由三名仲裁員組成的，設首席仲裁員」，據筆者瞭解，涉台案件一般都會由三人組成合議庭，那麼，該三人如何組成？意見不一致時如何裁決？就是癥結所在。觀之大陸仲裁法第三十一條規定「應當各自選定或者各自委託仲裁委員會主任指定一名仲裁員，第三名仲裁員由當事人共同選定或者共同委託仲裁委員會主任指定，第三名仲裁員是首席仲裁員」。同法第五十三條規定「裁決應當按照多數仲裁員的意見做出，少數仲裁員的不同意見可以記入筆錄。仲裁庭不能形成多數意見時，裁決應當按照首席仲裁員的意見做出。」由此可以得知一個可怕的反民主結論，那就是實際上是由首席仲裁員一人獨裁，玄機就暗藏在「應當各自選定一名仲裁員」上，因為當雙方當事人接到仲裁委員會的組庭通知書後會留有充裕的時間挑選邊裁（當事人各自選出的仲裁員又稱邊裁），結果必然是志同道合的人在一起，最後必將形成壁壘分明的兩道陣線，那麼，關鍵性一票就落在首席仲裁員身上，所以筆者認為實際上是一人獨裁。這檔事發生在西方文明國家或許未必成為現實，發生在大陸可就是一件鐵板釘釘的事，將絲毫不偏的成為現實。案件的命運可說是命懸一枝筆上，而首席仲裁員正牢牢握住這枝筆。

三、仲裁委的院子裡地方保護主義更鮮明。

第二點所提及的那枝筆又拜仲裁委員會主任所賜，該主任的產生實際上是由當地政府領導指派（原因就出在大陸仲裁法第十條，該法條規定各地仲裁委員會由當地的市人民政府組建），當案情涉及地方利益集團時，那個左右全局的黑影就會在案情四周搖晃飄逸著，台商的悲歌將再次高調唱起，台商朋友切勿掉以輕心。

四、發回重裁是否應當重新組庭？

依大陸仲裁法第六十一條規定「人民法院受理撤銷裁決的申請後，認為可以由仲裁庭重新裁決的，通知仲裁庭在一定期限內重新仲裁」，那麼，所指仲裁庭為何？意指原班人馬組成的原仲裁庭？給予再次修善粉飾的機會？或指另組新仲裁庭？由不同的人馬從不同角度來重裁一遍？仲裁法沒有明確規定，筆者從兩個觀點出發認為應該重新組庭：

（一）比照民事訴訟制度，當下級人民法院判決被上級人民法院判決（發回重審）時，下級人民法院必須採重新組庭、重新立號的方式重新審理，從不同的審判思路來審視原來判決的正確性，力求解決個人思維的侷限性與主觀性，仲裁制度理應比照辦理。

（二）仲裁庭並非仲裁委的常設組織，這與審判庭是法院的常設組織有別，仲裁庭是一個臨時性組織，仲裁員是仲裁委的臨時聘任人員，因聘任而組庭，因裁決而畢庭，所以，每次發回重裁應該重新組織仲裁庭為是。本章節涉及的案件前前後後被湖南省長沙市中級人民法院發回重裁兩次，第一次重裁時，長沙仲裁委不顧筆者提出的異議，堅持組織原班人馬重裁，結果還是一樣，第二次重裁時，在筆者的強烈抗議之下，方才重新組織人馬重新裁決，結果就出現了根本性的變化。

台商朋友們，當發現仲裁機構的天秤嚴重傾斜時，應該大聲出口吶喊，千萬別投鼠忌器、畏首畏尾。

五、發現計算錯誤，硬是不補正。

依大陸仲裁法第五十六條規定「對裁決書中的文字、計算錯誤或者仲裁庭已經裁決但在裁決書中遺漏的事項，仲裁庭應當補正；當事人自收到裁決書之日起三十日內，可以請求補正。」本章節涉及的案件確實發生計算上的錯誤，經筆者申請補正，仲裁庭就是不予理會，最後，在進入執行階段時，經執行法院開庭審理後裁定不予執行。

第一節 揣著明白裝糊塗

（本節涉及大陸房地產包銷合約的性質定位，包銷合約無效的認定理由，以及包銷是否限制台商經營等內容。商界、法律界的朋友們不妨留意一下。）

我公司與開發商魏督公司在「都市陽光」包銷合作案上自始存在嚴重延遲給付服務費問題，雙方也協商過數次。協商過程就是一種陰謀，最後一次協商發生在二〇〇三年十二月五日，表面上雙方差距也只有人民幣五萬元。我與老闆都以為應該就此平和落幕，公司的業務運營也準備積極往其他個案轉移，不幸的是，協商只是魏督公司尹老闆明修棧道暗渡陳倉的陰謀詭計，讓善良人摸不清頭緒。

二〇〇三年十二月中旬，我接到長沙仲裁委員會的立案通知，開發商魏督公司在玩兩手準備，一方面和談，展開笑臉攻勢；另一方面積極準備主動開戰，這不是三十六計的笑裡藏刀嗎？兵來將擋，水來土掩，除了應訴備戰別無良策。

當我看到魏督公司提交的仲裁申請書，真是不看不知道，一看嚇一跳，魏督公司的仲裁訴求竟然不是合約履行是否存在違約的問題，而是徹底推翻合約效力，直接主張合約無效的問題，要求返還已支付給我公司的服務費。雙方所簽包銷合作合約至那年十一月底已經履行完畢，我公司應盡義務已經全部履行，尚未履行的只剩開發商拖欠服務費人民幣五十四萬元，這就是惡人先告狀，以為先告者容易取得同情，先告者就是受害者，殊不知真理才是永恆的。

我始終認為，在大陸，完全的司法正義或許會缺席，但殘缺的司法正義往往不缺席，只可惜特別喜歡遲到，心驚膽顫地到，七折八扣地到，依規定四個月要到，你可能要等它兩年才到，反正慢慢吞吞心不甘情不願地到，就像醜媳婦見公婆一般地來到。過程也充滿迂迴曲折，結果也夠讓人心力交瘁，有心臟病者不宜上法院討說法。

這個商務仲裁案破天荒地裁了三次，前兩次裁定都被長沙市中級人民法院裁定「發回重審」而胎死腹中，最後一次裁定也被長沙市天心區人民法院裁定「不予執行」而夭折，前後共折騰三年半，最終是長沙仲裁委員會給出了一個「合約有效卻又失去執行力」的世紀驚奇裁決。

依大陸民事訴訟法相關規定「一切從零開始」，雙方投入的隱性成本不說，顯性的仲裁受理費及律師代理費合計或已達人民幣三四十萬元之多。我公司在一裁時即慘遭滑鐵盧，二裁時依舊黯然退場，三裁是贏了面子失了裡子，中看不中用。雖然扭轉根本大局，但得來的是殘廢的正義（裁決合約有效在先，令人振奮而擊節叫好，並對後續充滿期待，卻又命我公司讓利在後，令人喪氣頓足。以幾近莫須有的理由裁決我公司要退還服務費人民幣三十萬元），我公司未回籠的服務費仍然無影無蹤，但目前橫豎眼前的問題是如何減少損失，而非如何取回應得。

在大陸做生意「向銀行借錢難，向客戶討錢難，打官司維權更是難上加難」。

夜過了，東方未白吊燈滅，我昨夜徹夜不眠，心想著，真實版大陸首例「三裁不行」案例活生生發生在我的身上是在印證什麼？我是維權鬥士？無能的仲裁委？以下是整套三裁不行的真實演繹過程，謹望引起大陸有關領導一絲絲的關注。

註：本仲裁案共裁決三次，被中院裁定發回兩次，最後被區法院裁定不予執行，時光空轉了三年，大陸首例三裁三撤仲裁案，驚濤駭浪中落下帷幕。

案號：（2003）長仲裁字第 292 號

1、傾斜的仲裁庭

不可思議！仲裁委副主任兼秘書長王又元是魏督公司指定的仲裁員（即邊裁）。

二〇〇四年三月中旬我公司接到長沙仲裁委員會的組庭通知，我公司不覺得該通知有何特別，

《三次仲裁路線圖》

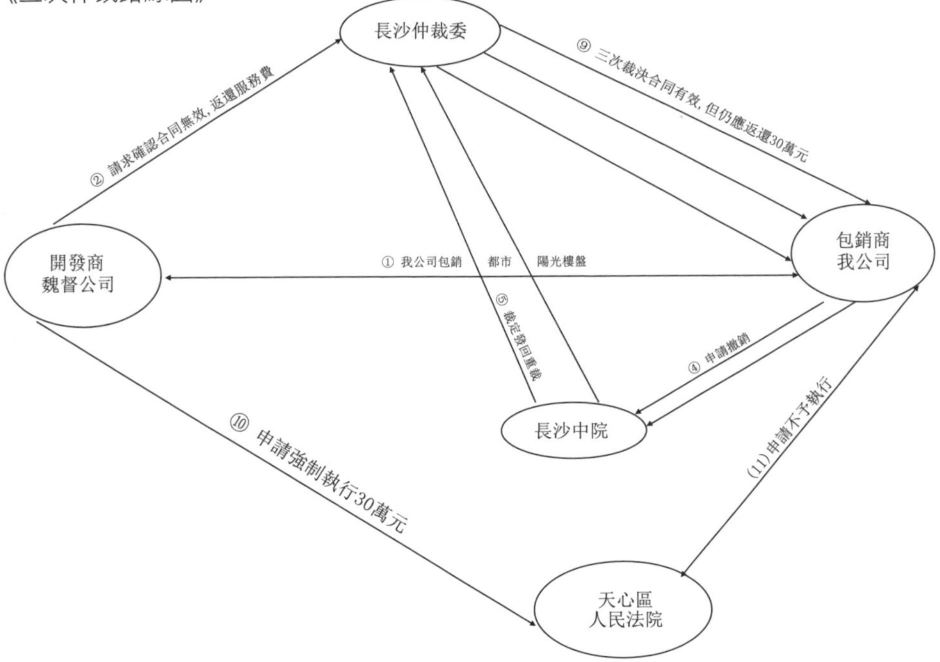

有何蹊蹺，我仍然天真地抱著「有理走遍天下，無理寸步難行」的浪漫思維，但當我公司代理律師看到組庭通知後，神色緊張、神情焦慮、忐忑不安地告訴我，這次仲裁十分不妙，尚未開庭成敗已定。

我身為公司法務人員經歷過不少司法風浪，認為他有誇大之嫌，不就一張組庭通知嗎？我公司強有力的證據尚未付案，雙方尚未進行質證、陳述、辯論等程序，鹿死誰手應該未見分曉才是。可是，當我拜訪了湖南大學法學院某知名教授後，我才默認自己以小人之心度代理律師的君子之腹。他絕非危言聳聽，他與教授一樣已經看出箇中文章。

這讓我想起了在長沙吃到的台灣小吃，這家

店是幾年前台商老友溫總特別推薦的，特別是其中的棺材板（其實就是烤得金黃的麵包，但是揭開上面麵包蓋子，裡面東西太多，有青豆、雞蛋白、蝦仁、土豆丁、火腿、紅蘿蔔丁等等，這些東西都是營養豐富），雖然菜名「黑」人，但連大陸朋友也都被說得舌尖蠢蠢欲動。

「棺材板」很養人，但內容太雜了，正如當時我的心情，第一次仲裁就碰上內容複雜的組庭通知書。這種情況發生在湖南，可說是棺材早已釘板，專家早已看出躺下的是何方，開庭只是走走程序，事後想想，我們還是太嫩了。

人們常說，道理說清了都很簡單，一聽都能明白。依大陸仲裁法及相關法規規定，仲裁庭成員共有三位，雙方當事人各選一人（在仲裁委員名單中選定，跨越無效）做為邊裁，雙方再協商一人做為首席仲裁員，但雙方既已兵戎相見，幾乎是不可能共同協商首席仲裁員的，所以，實際上會由仲裁委員會主任指定。

但明眼人都知道，主任一般都另有要職，例如長沙仲裁委員會主任胡旭晟（民主黨派），同時任職長沙市人大常委會副主任，為官清廉、深入簡出、十分低調，對仲裁事務極少過問，簡而言之，首席仲裁員實際上都是由副主任或秘書長選任。仲裁庭採用合議制，以多數決方式做最後裁決，因雙方選定的邊裁都會站在各自立場，這是商務仲裁的潛規則，所以兩位邊裁意見相左時，首裁的意見基本上就左右了大局。

本仲裁案魏督公司選定的邊裁正是長沙仲裁委副主任兼秘書長王又元，而仲委會指定的首裁是長沙仲裁委研究室研究員（帶薪）左康勒，簡單地講，左康勒是王又元的下屬，王可以影響左的帶薪職位，這種奪命組合只有企鵝才會看不懂，副主任兼秘書長同意出任對方的邊裁，暗示什麼玄機？透露什麼陰暗資訊？

我公司代理律師及大學教授肚裡吃了螢火蟲——心知肚明，左首裁的獨立性、公正性、客觀性令人質疑。提出強烈抗議是我的職責，或許老闆只在乎結果，但過程與結果對我同樣重要，後來，對方邊裁是換人了，或應說是化明為暗了，而握有手舉刀落權柄的首裁則未變，形式上的小小撤換想扭轉乾坤依然是夢話，在往後三年半的「三裁不行」坎坷道路上深深烙下了我公司千瘡百孔的足跡。

2、首裁語出驚人

死馬也要當活馬醫，我公司隨即提出答辯書，同時提出「反請求申請書」，雙方形式上攻防拉開序幕。雖然過程已撼動不了結果，但程序違法才是撤銷裁決的唯一利器，是正義回師的基石。我的仲裁策略不得不隨之變調，重中之重不在實體反訴主張與本訴辯護之上，因本案一開始就被十面埋伏，魏督公司已組建了邪惡軸心連線，想要甩開埋伏尋找起死回生的一線生機就必須死抓邪惡連線程序上的死穴，因為實體裁量權已向左傾斜九十度，在仲裁程序採一裁終結的法律制度下，在程序出現違法才得申請撤銷的原則下，這是夾縫中求生存的一線希望。要展現台灣不倒的蘆葦與生俱來的韌性，不想任人催殘就要有反敗為勝的本事。

二〇〇四年二月份首次開庭，在大陸民事訴訟或商務仲裁習慣於一個案子只開一次庭，利用半天或一整天搞定，但本案肯定一天搞不定。我公司的答辯證據多達兩百頁，「反請求申請」的證據也有一百多頁，雙方比的是耐性，比的是用心。相較我公司如臨深淵、如履薄冰的狀況，魏督顯得從容自如、處之泰然。我講錯話，大刀立馬鍘下；他講錯話，當作沒聽到，我該舉證而忘了舉證就該死，他該舉證而忘了舉證仍能靠首裁心證，在這裡沒什麼公不公平的，想多了只會越想越不平。

有人說留在台灣等死，跑到大陸找死，可憐的台灣人，兩頭都得死；被矇騙也好，被花招百出也好，還是自助自強為好。開庭當天午餐時，我公司律師再拋下一個新聞炸彈，他說魏督公司請出的高律師是長沙仲裁委成立時的創會人之一，與仲裁委的牽連關係一時也說不清。怪！我從事法務工作二十餘年還沒見過自家律師長他家律師威風的，真是有感不幸。

開庭審理時，我公司提出最高人民法院關於適用合同法若干問題的解釋第四條規定：「合同法實施後，人民法院確認合同無效，應當以全國人大及其常委會制訂的法律和國務院制訂的行政法規為依據，不得以地方性法規、行政規章為依據」，這是我公司主張包銷合作合約的護身符，開發商想打贏這場官司，首先必須跨越此檻，否則很難越雷池一步。這是開發商的緊箍咒，因為查遍大陸法律沒有一條法律或行政法規規定房地產的仲介代理、包銷合作必須取得資質證明，否則所簽合約無效。何況我公司在履行合約之初就取得相應的資質證明。雖然肚裡明知裁決的不利結果已定，還真不知仲裁庭要搬哪門法律、哪條行政規章做依據？也不解仲裁庭會怎麼落筆來自圓其說，一切只有靜待噩夢初醒時。

事實證明我還是天真了，盡想些不該我想的事，何須等裁決書下達才真相大白，在審理時就大言不慚將答案公諸於世了。左首裁就清楚明白地表示「最高人民法院的解釋不適用於仲裁，對仲裁沒有約束力」。這對法律人而言簡直晴天霹靂，震耳欲聾，我終於恍然大悟，首裁是以仲裁程序非民事訴訟程序意圖擺脫最高人民法院司法解釋的束縛，我倒佩服他的應急機智與用心良苦，可謂欲加之害何患無詞。他將仲裁委的社會地位推至頂峰，將仲裁委的獨立性帶上一頂金鐘罩，套上一件鐵布衫，似乎全國人大或其常委會授予首席仲裁員法律解釋權，超脫最高人民法院的司法解釋之外，仲裁的權威性得到空前弘揚，人治的社會在仲裁委的大家庭中得到完美地展現。

首裁果真握有不可侵犯的權力致其毫無忌憚、大膽奮進？不，他是明知山有虎，偏向虎山行。勇氣究竟何來？利誘？色誘？威嚇？百思不解，誰來監督制衡？當事人如何自保？除了巴結、籠絡、討好似乎別無康莊大道。他就是主宰本案的皇帝，那具有指定首裁權力的仲裁委主任或其授權下的副主任、秘書長不就成為太上皇？依仲裁法規定仲裁程序可是一裁終結，制度上沒有上訴或再審的審判監督機制，縱使仲裁的裁決內容實體上顯然違法，仍然無法啟動撤銷程序予以救濟，還只能靜待其得意忘形時出現程序上的瑕疵、漏洞，或在仲裁裁決提出執行時再依民事訴訟法的規定提出「不予執行」的申請，這是典型的社會主義仲裁體制的原始範本，抄襲可罰。

「不予執行」是我公司在第三次仲裁後採用的救濟方式，而「申請撤銷」是對第一、二次仲裁結果採用的救濟方式，也就是針對同一仲裁案件可用的法定救濟程序都被我公司網羅用盡。這在大陸都是少見案例的。我相信很多台商對合約糾紛約定了仲裁條款，後面章節會有更深度專業地探討。

我公司為解開最高人民法院的司法解釋到底對仲裁審理有無拘束力，拜訪了不少法學教授、專業律師、法官，得到的答案都是肯定的。大陸法律的司法解釋具有統一性、一致性，所有應用法律的機構單位都必須順服該司法解釋，並非只有司法單位適用，而行政單位、仲裁單位就可排除在外，自行解釋，如此豈不造成司法環境的混亂？老百姓也無所順從，國家根本將為之動搖，難道他們就不怕共產黨紀檢監察雙規的高壓電？這是一個嚴肅可怕的話題，不容小覷，但對一個小小老百姓而言，司法傷害往往是無能逃避的，總是一再發生才會引起領導重視，如同每次大礦災的發生，事先必會有多次小礦災發生，每次小礦災發生都會有更多次的礦災預警，每次預警之前都有千百次的隱患。左首裁解釋法律不受制最高人民法院司法解釋的約束，就是暴露出一種隱患。

民為邦本，法乃公器！簡單一個合約仲裁，就讓我對法律從一開始的熱血沸騰，到現在的備感無力了。當時覺得自己佔了那麼多理，而且手頭也有各種的證據，還怕他不成，雖然也有同事勸說多一事不如少一事，別跟仲裁委鬥氣，四處告狀，可是氣在心頭，難以放任這種對社會文明進步不負責任的做法。

第一次仲裁結果出爐了，內容主要歸結兩點：

1、合約中涉及房地產經紀服務內容的條款在〇三年九月二十七日之前為無效，之後為有效。

2、我公司應該返還服務費給開發商約人民幣一百三十五萬元。

主要理由有五：

（1）合約性質定性為「以房地產經紀服務為主要內容的房地產仲介服務合約」，不採納我公司主張的「包銷合作合約」性質即無名合約性質。

（2）認為城市房地產管理法是調整城市房地產經濟關係的基本法，國家建設部、國家工商行政管理局、國家人事部等部門指定的相關規定都是屬於法律的範疇。

（3）認為最高人民法院關於合同法若干問題的解釋關於合約效力的認定，不能機械的、孤立的、靜止地去理解合約履行期間或案件審理補辦手續就可認定補辦手續之前簽訂的合約有效。

（4）認為房地產經紀服務屬國家特許經營的範疇。

（5）採用一份偽造的文件。

經專家論證這份仲裁裁決顯然犯了幾個邏輯上的低級錯誤：

一、犯了合約效力以時間為界線來做界定的錯誤：依法律規定只有全部有效、全部無效、部分有效（部分無效）等三種，縱使被認定屬效力未定性質，其結果仍難脫離以上三種結論，時間不能做為合約有效與無效的分界線，一份合約不存在有無效期間與有效期間的荒唐概念。這猶如如來佛的掌心，縱使孫悟空翻個筋斗十萬八千里也只能在掌心裡翻，長沙仲裁委首裁左先生竟然憑一己綿薄之力企圖跳脫這個法律枷鎖，這是犯了一個司法界低級邏輯錯誤。若發生在湘西等偏遠地區尚情有可原，畢竟缺煤缺電看書時間相對少些，堂堂中國古城長沙竟會發生這種錯誤，除了利慾薰心之外，還想不出箇中道理。

二、犯了誤解委任立法的錯誤：雖然國家建設部、國家工商行政管理局所制訂的部門規章，其目的仍在有序管理規範房地產行業的經營環境，但該部門在未取得全國人大及其常委會所制訂的法律或國務院頒佈的行政法規的特別授權下，其制訂的配套規章都不具備法律位階。雖然其仍屬行政機關施政依據，最高人民法院關於合約效力的司法解釋以明文規定「不得以地方性法規、部門規章為依據」，左首裁認為不能機械地、孤立地、靜止地去理解，自己架設一道沒人能讀懂的防火牆，看樣子左首裁對最高人民法院的解釋方式頗不以為然，它太機械、太孤立了，應該廢除，讓法官、仲裁員可左可右地自行認定，才能彈性的、宏觀的、跳躍地解釋，這是多麼離譜的錯誤！

先進國家對合約無效的認定都是採取非常嚴謹的態度，以符合當事人意思自治原則，維持合約的穩定性，豈可後門敞開，任由法官、仲裁員自由心證，用來制約、規範人民的法律、條例是必須經過立法機關透過，在大陸具有訂立全國性法律、條例效力的權力機關比台灣多了一個，即除了大陸全國人大常委會外，多了一個「國務院」，而行政部門顯然並非立法機關。行政部門的規章多如牛毛且翻新像翻書一樣快，難道要老百姓簽合約時先翻翻大陸各行政部門的規章制度嗎？真虧左首裁想得出。我們不奢望左首裁擁抱正義，但要求左首裁抓住正義的尾巴應該不為過吧！

三、犯了羅織罪名的錯誤：在唐朝武則天時，酷吏來俊臣編了一部《羅織經》，第一次揭示了奸臣為何比忠臣過得更好的奧秘。這是一部專門講羅織罪名、角謀鬥智、構人以罪、整人治人的「書」，相傳武則天看後也感嘆說：「如此心機，朕亦未必過也！」

台灣有句俚語「菜蟲吃菜菜腳死」，來俊臣最後也被好友衛遂忠羅織罪名斬於西市，還馬踐其骨，台灣學者柏楊注疏《資治通鑑》，對此書做過這樣的評價：「武周王朝，在歷史上僅出現短短十六年，對人類文化最大的貢獻，就是一部《羅織經》。」我在想左首裁是不是《羅織經》看多了。在刑事上我們常常說欲加之罪何患無詞，難道在民事上亦為如此？

左首裁首先將爭議合約的性質從包銷合作性質或者說綜合服務性質一棒子打為房地產仲介服務性質，再硬生生地套上國家特許經營的外衣，就將我公司打為黑五類，丟入萬丈深淵中，這真是一手連環計，環環相扣，計中有計，但其手法太拙劣了。

綜觀大陸國務院頒佈的商業特許經營管理條例第三條明文定義揭示了何為特許經營：「本條例所稱特許經營是指擁有註冊商標、企業標誌、專利、專有技術等經營資源的企業，依合約形式將其擁有的經營資源許可其他經營者使用，被特許人按照合約約定在同一的經營模式下開展經營，並向特許人支付特許經營費用的經營活動。」這個規定與房地產仲介服務定義八竿子也扯不上關係，但偏偏被左首裁盡責盡心地扯上關係，當沒有戲碼的時候硬是找個劇本來演。

從第二次仲裁結果隻字不再提國家特許經營範疇可以看出左首裁自己都覺得實在太扯了。

當事人又不是瞎子，長沙中院的法官還有很多不用戴眼鏡的，大家眼睛雪亮得很，但當他發現狐狸尾巴露出時，不能再睜眼說瞎話了，立即不聲不響地收藏起來，恰巧證明這是子虛烏有的指控，但包藏在其內心的禍源仍未泯滅，仍然在千方百計地鑽山打洞，不到黃河心不死，不見棺材不掉淚。

四、犯了採用偽造證據的錯誤：魏督公司在舉證期限內提出了一份文書資料做為分解服務費細項內容的依據，但我公司一再答辯該份資料是偽造的，理由有兩點：（1）該份資料既沒有我公司落名及簽字蓋章，也沒有開發商簽名蓋章，不具有合約效力。（2）該份資料內容擅自對服務費做了細項分配，且有多處與雙方簽訂的合約內容相背。這麼清楚的偽造連草根們都能洞若觀火，唯獨左首裁揣著明白裝糊塗，聽而不聞、視而不見。你可以叫醒一個睡得再沉的人，卻無法叫醒一個裝睡的人，裝糊塗真是塊盾，刀槍不入。

左首裁天不怕地不怕只怕手中沒有權力，他在乎的不是有沒有是非，在乎的是有沒有權威，司馬昭之心路人皆知，左首裁的心，不上路的人也能知啊！

當長沙市中級人民法院裁定「發回重裁」時，他深知眾目睽睽之下不改變點手法、來個新瓶裝老酒，難以掩人耳目，觀之第二次重裁內容，隻字不提這份偽造資料了，但老酒依舊是老酒，合約仍然認定為無效，當事人只有繳錢、繳紙、繳口水、繳盡腦汁的份，與裁決結果似乎沒有什麼關聯性。

仲裁維權，對我來說是笑話一場！

當我看到第一次仲裁裁決結果，久久不能自語，是舉杯消愁賺得愁更愁，還是散髮弄舟不見不愁，靜心一想，消極對抗終將無濟於事，裁決結果仍將一字不改。

【筆者應訴之失，提供改進之道】

一、這次仲裁是我公司大膽西進以來首次應訴，凡事處女航都較生澀，真不知洞庭湖水有多深，大意了。例如，大敵當頭不該找學者型律師，沒有掌握仲裁委的生態環境，我公司選了邊裁之後，仲裁委秘書長竟選個院子裡的冤家死對頭擔任首裁（一般情況下長沙仲裁委主任都授權秘書長聘任首裁），筆者對首裁偏頗立場的一些蛛絲馬跡沒有即時醒覺。

二、建議台商朋友們，一定要用心去瞭解掌握仲裁機構的人事生態鏈，也要用心捉摸對手及其律師的性格傾向與社會背景，別只懂得往法條裡鑽。

第二節 窩裡反

（本節涉及市台辦官員胳臂外彎，背後向台商下手的情節。台商朋友們，人心隔肚皮，防心不可無。）

五歲的博博在家非常霸道，看到什麼就要什麼，否則就大哭大鬧。

有一次，他吵著要喝粥，媽媽讓他等粥涼了再喝，博博就大發脾氣，把碗摔到地板上，還對哄勸的媽媽拳打腳踢、抓頭髮。別看博博在家「稱王稱霸」，可是一到外面卻完全變了個人，見到陌生人就躲到爸爸媽媽身後，不敢說話問好。在幼稚園被小夥伴欺負了也不敢吱聲。

博博爸媽不解：這孩子，怎麼在家很行在外不行呢？

博博就是鄰居家的孩子，我見慣不慣了。說到這場仲裁案子上來，因為它也出現了一點弦外之音，這就是「窩裡鬥」，想起來就憋氣得不行，但又不得不發。

我公司這場仲裁案說四面楚歌還不足為奇，應該說是十面埋伏才貼切，不輸張藝謀的電影。魏督公司尹老闆有位同學正是長沙市政府台辦顏處長，我公司與魏督公司合作之初還是有一段朦朧的蜜月期，時間因短而美。我公司老闆與尹老闆、顏處長三人曾經到青蓮酒家把酒言歡，不曾想到好花不常開，好景不常在。在仲裁激戰過程中，我數度進仲裁委溝通解釋，但很不幸地聽到一個壞消息：「你們市台辦的人都說你不對，都不支持你，後果很嚴重喔！」

台商常常稱台辦為娘家，娘家主動斷情，有家回不得，滿目瀟然，感極而悲，我公司處境真是岌岌可危，猶如風中殘燭，此時只能先求殘燭不熄，不敢奢求照亮牆垣。首先必須瞭解問題，接著尋找問題，再接著解決問題，最後防堵問題捲土重來。

我瞭解到的真相是這樣的：市台辦顏處長因身兼台商投資協會的仲裁小組召集人，與仲裁委業務接觸頻繁，在一次長沙仲裁委的餐會中主動對本案仲裁庭成員表明我公司與魏督公司的合約糾紛中較為理虧，雙方所簽的合約應該無效。此話一出，後果肯定嚴重，在大陸的紅色官場文化中，官老爺個個嗅覺敏銳，已經嗅出市台辦的立場，也嗅到我公司勢單力薄及脆弱的行政地位。在仲裁委似乎已被魏督公司包圍的情況下，又加入娘家人助陣，風藉火勢，火藉風威，一燒不可收拾。

我公司雖然一時死不了，但肯定渾身灼傷。我公司老闆心想自家人的事就應該關起門來解決，他首先找到長沙市台商投資協會的會長及副會長談談家醜的事。顏處長身兼台商投資協會秘書長，我公司是台商投資協會的常務理事，彼此關係看似不一般其實很一般，會長認為此事非同小可，涉及處長個人與台商間的信任危機。此事我們都界定為處長的個人行為，非市台辦的官方行為，是處長棄台商而擁同學的徇私行為，處理不好傷人傷己。

會長首先向顏處長小心翼翼地求證，在大陸，官員誤會百姓事小，百姓誤會官員體大。顏處長坦承以對，只是細節稍稍有所出入，其內心想法也大有不同，他表示絕無惡意，僅在表達個人對法律的見解而已。顏處長敢作敢當的性格我們由衷佩服，二位會長同意我公司向市台辦及省台辦領導彙報反映，尋求亡羊補牢之策。

至於我公司老闆向市台辦及省台辦反映情況所取得的效果老闆心中有數，我們只是打工仔不好過問，我們觀察到的是處長還是處長，沒什麼變化，台商出門在外自求多福了。

二〇〇八年長沙市台辦投訴協調處楊贛城處長走馬上任，新人新作風，大大改善拉近台辦台商間的關係。楊處長為維護台商合法權益一改往日舊風，時常焚膏繼晷奔波於法院、機關間，調解成功數個棘手陳年老案。我公司與常愛公司的和解案就屬他的傑作，他深獲台商們肯定，有目共睹，實在難得。

但好景不常，二〇一一年底，楊處長被調到台辦工會坐冷板凳去了，我們十分不捨，只是台商楊吉昌早有先見之明，兩年前就預測到楊處長將遭遇到的尷尬處境，我顯得後知後覺，白米煮成粥了才看明白。楊處長調走月餘後的某天早上，我在湖南省高院傳達室碰上了魏督公司尹老闆，仇人相見就是眼紅，尹老闆首先恫嚇性發話：「你們的楊贛城處長被調到工會去了，你想跟我鬥還差得遠呢……」此話一落我驚覺事態不妙，尹老闆至今何以仍對我們市台辦的家內事知之甚詳，隨時掌握第一手情報。誰會是他的辦內眼線呢？我以前在市台辦內的投訴函及投訴話語是否早被晾在魏督公司的陽光下了？

確實，外面的世界很精彩，我的朋友在沿海過得很「滋潤」，可是湖南呢？台商強弱鮮明，少數榴槤族，多數蘆葦族，人數合計還比不上草莓族，我衷心盼望在湖南的台商有個美好的明天。

【筆者應訴之失，提供改進之道】

建議台商朋友們，當你不幸發現對手的親友團中出現自家人的影子時，不需大驚小怪，這事不足為奇。筆者認為在投訴中略帶幾分輕鬆口吻，免得將空氣搞僵了，畢竟他是自家人，頂多替對方打探點軍情，背後說上幾句壞話罷了，出手不至於太狠，自家人好好地說反而沒有說不好的事。

第三節　第一次死裡逃生

（本節涉及大陸仲裁裁決的四個程序違法的問題，及我公司據此申請撤銷裁決的艱辛過程。台商朋友們，想瞭解撤銷大陸仲裁的奧秘，本節非看不可。）

二〇〇四年八月，我公司向長沙市中級人民法院申請撤銷仲裁裁決，依大陸仲裁法規定，對仲裁不服，只得向當地中級人民法院申請撤銷，尋求救濟。中院有三種處理結果，一是撤銷原仲裁，但不能改判，二是發回重裁，三是駁回申請，使裁決發生確定效力。若發生第一種情況，雙方當事人只能另行協商再次仲裁或另案向一審管轄法院起訴，也就是說訴訟討說法將從快車道變到慢車道，換個跑道，邪道依然繼續鬥正道。

仲裁程序按規定是一裁終結，講究的是劉翔跨欄的飛躍速度。筆者十分認同建立在品質與效率兼顧基礎上的仲裁體制，但提高效率不可犧牲品質，沒有品質的效率是無本之木、無源之水。

自一八八七年英國頒佈了世界上第一部仲裁法以來，西方文明社會商務仲裁機制廣為盛行，並深獲好評。仲裁機構能夠展現踐行優質下的效率，能夠公平公正高效率的解決紛爭，是建立在國家法律制度健全、社會法治觀念普及、充分依法行政的基礎上方可大步推行。大陸尚處在人治強於法治、百姓法治素養相對滯後的狀態下，仲裁制度的優越性是難得彰顯的，對仲裁裁決的司法監督機制就格外引人關注，攸關重要。

依據大陸《仲裁法》第五十八條，仲裁裁決有下列情形之一者，人民法院可以依申請而做出撤銷仲裁的裁定：

（1）沒有仲裁協議的。

（2）仲裁裁決的事項不屬於仲裁協議的範圍或仲裁委員會無權仲裁的。

（3）仲裁庭的組成或者仲裁的程序違反法定程序的。

（4）仲裁所依據的證據是偽造的。

（5）對方當事人隱瞞了足以影響公正仲裁的證據的。

（6）仲裁員在仲裁該案時有索賄受賄、徇私舞弊、枉法裁決的。

我公司羅列了原仲裁庭的四個程序違法情形：

一、依仲裁法規定首席仲裁員應當由當事人共同選定或者共同委託仲裁委員會主任指定，雖然裁決書上也寫明了「受雙方共同委託，本委員會指定左安勒為本案首席仲裁員」，但事實上我公司從沒委託仲裁委主任指定首席仲裁員。簽立委託書的是代理律師，但我公司授予律師的代理權是一般代理，而非特別代理，所以，律師無權代理我公司簽立該委託書，故委託手續應屬違法。

二、大陸法律規定首席仲裁員的產生原則上是由當事人共同選定或共同委託仲裁委主任指定，那麼在程序上應由仲裁委員會召集當事人雙方共同協商選定首裁，至於是否能完成共同選定或共同委託指定則屬另一個問題，但長沙仲裁委並未完成召集雙方協商的程序，亦屬違法。

三、仲裁委變更仲裁庭組成人員，將邊裁王又元改為周艾悟，沒有書面通知我公司，必然違法。

四、裁決依據的重要證據是偽造的，即採用了魏督公司提交的一份偽造資料。

這份離經叛道的仲裁裁決書很快驚動了長沙市人大常委會副主任劉奇兵，也引起了長沙市中級人民法院主管院長陳劍文的高度關注。撒旦在哪裡上帝永遠不缺席，我公司彷彿中了邪被撒旦纏了身，但上帝總是慈悲的，公義的，雖然偶爾打瞌睡，讓撒旦有機可乘，但打瞌睡總是短暫的。當上帝清醒時就是撒旦毀滅時，魏督公司吸納組成的邪惡軸心連線（尹老闆、高律師、顏處長、王秘書長、左首裁等五人）企圖鞏固近兩百萬元人民幣不法利益，前仆後繼，大肆圍攻光明頂，但「邪不勝正」這塊鋼板永不生鏽，長沙市中級人民法院審判長丁建平帶領下的合議庭很快就做出了「發回重裁」的裁定。

在大陸碰到釘子戶（很硬的扯皮客戶）想取得完全司法正義就要卜卦起數看方位了，發達城市有之，鄉里法院難如上青天，「發回重裁」猶如殘缺的司法正義，我公司雖不滿意，尚可接受。現在劉奇兵副主任已經退休了，陳劍文副院長也調到市司法局去了，丁建平也離開法院做起律師來了。在大陸當官學問大得很，要精通力學原理，懂得衡量各方權貴所加諸的壓力測算出平衡基點，也是苦啊！我公司面臨二進仲裁火坑的宿命，我們有理由相信，堅持走真理的路，不怕路遠。

成功的秘訣很簡單，就是現在比過去總是好一點點即可，在大陸做事期望越高失望總是越大。這裡擁有十四億人口，政府處處想「人」的問題，我們處處想「理」的問題，人不一定講理，但理必須靠人來講，不經一事還真不長一智。我們帶著「台式夢」來大陸築夢，但大陸很多人就等著我們築夢在先，他圓夢在後。

【筆者應訴之失，提供改進之道】

建議台商朋友們，仲裁過程中務必攔截住身邊飛過的任何程序瑕疵上的小把柄，這些小把柄將會是你向當地中級人民法院申請撤銷裁決的救命稻草，如果你找對律師，他可能還有挖坑設陷讓仲裁諸公們往下跳的本領，因為依大陸仲裁法第五十八條規定（詳如本節中所載），程序問題才是申請撤銷裁決的關鍵所在，這與民事訴訟法的上訴、再審要件有著根本上的差異，不能不格外留意。

第四節　不動如山

（本節涉及大陸仲裁裁決被發回重裁後，是否應該重新組庭的問題。台商朋友們，人是一切核

心關鍵，在大陸想解決「事」的問題，得先解決「人」的問題。）

二〇〇五年六月份，長沙市中院裁定「發回重裁」，對我公司而言，東方又燃起了一線曙光，但二次仲裁結果還是造成了二次傷害。當時，我們的策略重心放在仲裁庭的改組上，這是觀察未來天氣的風向標，同意改組或許表示形勢好轉，拒絕改組當然表示頑固勢力依然不動如山。我公司策略方向已定，便在仲裁委二次組庭之前去函要求改組，因為長沙中院依據仲裁法第六十一條規定裁定「發回重裁」即表示原仲裁裁決存在程序瑕疵，觀之大陸仲裁法第六十一條規定「人民法院受理撤銷裁決的申請後，認為可以由仲裁庭重新仲裁的，通知仲裁庭在一定期限內重新仲裁」，這條規定實在耐人尋味，並未給予適用條件的限制，受理的長沙市中院合議庭，其兩可之間的心證彈性很大，既可莫須有選擇左傾也可選擇右斜，任憑合議庭的自由心證。

後來，大陸最高人民法院也發現確實存在後門敞開的弊端，在二〇〇六年八月二十三日對仲裁法做了三十條司法解釋，明文限制適用仲裁法第六十一條的兩種情形：一是仲裁裁決所根據的證據是偽造的；二是對方當事人隱瞞了足以影響公正裁決的證據的。但在二〇〇四年時該司法解釋尚未出爐，中院所做出的「發回重裁」裁定書亦未說明具體的依據理由，亦即大陸仲裁法第五十八條規定的六種情形都可能是發回重裁的理由依據。因此，我公司要求二次重裁時需重新組庭，以免發生同一程序錯誤而不自覺，並種下再次被發回重裁的因。

我公司的請求合理、合法、合情，但不幸的事在倒楣的人身上總是反覆出現，王秘書長給我公司的答覆是「所謂由仲裁庭重新仲裁指的是原仲裁庭，因為仲裁委的仲裁庭都是在受理後才成立的臨時仲裁庭，裁決後就解散，所以除了原仲裁庭外無庭可重裁」。這種擦邊球看似有三分理，其實完全不符合法理，既然原仲裁庭可以解散後又重啟，為什麼不能重組呢？

如果原仲裁庭成員有人因故無法參與重裁工作，是否就拒絕接受重裁呢？還是更換其他成員繼續重裁呢？可惜王秘書長以前從未當過廳長根本不懂得「聽」，也似乎得了神經末梢麻痺症，對合法的正道似乎沒有什麼反應，不動如山，或說他是權高人膽大，千山我獨行。最後裁決結果可想而知，原班人馬繼續重裁，想跳出這群邪惡軸心連線的掌心，如同做白日夢。

按法理來說應該換人重組，可是要那訂規則的人來打破自己訂的舊規則，難！在大陸，光頭的想硬鬥帶帽子的，有點活的不耐煩了。此時他的狠心已經拋不下錨，只想照著原路繼續前行，根本不想停止。聰明的人即時面對現實，愚昧的人總是回味往事，我想，還是收拾自己的情緒迎戰吧！

第二次仲裁裁決終於在二〇〇六年二月六日冷颼颼的出爐了，主要歸納下列幾點：

1、合約涉及房地產經紀仲介服務內容的條款在二〇〇三年九月二十九日之前為無效。

2、我公司應返還人民幣一百零一萬元的服務費給開發商魏督公司。

其依據的理由基本與第一次仲裁理由一致，但關於認定合約部分無效的依據有了重大轉彎，主要有三點不同：

（1）認為合約中涉及經紀服務部分以部分無效來認定對本案的最終處理更為有利，也有利於房地產經紀仲介服務市場的健康發展。

（2）認為若採用合約有效來認定，勢必形成對無仲介資質的仲介商的支持或鼓勵，勢必形成對仲介服務市場准入制度的漠視，勢必形成對房地產經紀仲介服務法律制度的挑戰。

（3）必須堅持維護大陸城市房地產經紀仲介服務市場制度的原則立場，並以此來把握處理本案的思路。

左首裁別出心裁的二次裁決犯了以下幾個錯誤：

一、犯了裁決與執行一身挑的錯誤。仲裁裁決之後當事人如何執行是另一層次問題，另有執行單位專職處理。仲裁機構的職責是依法公平公正審理裁決，彼此應各司其職。裁決是嚴肅的，執行是現實的，除非客觀上將來確有執行上的困難，否則，裁決不需考慮日後雙方如何處理，這是一般性法律常識，左首裁還在裝睡。

近日我瀏覽了長沙仲裁委網站，寫道：我們仲裁機構就是一座燈塔，我們是用我們的光來溫暖、吸引、聚集當事人，我們工作人員的日常工作就是不斷給這座燈塔補充能源，包括推行仲裁制度、提高仲裁服務品質等，使它發出更多更大的光芒。

我看完以後，心想，這座燈塔是一定照不醒「裝睡」的人，這種低品質卻高效率的裁決，只會發揮到令一方義憤填膺，讓另一方傲慢氣昂，進而擴大雙方矛盾、加劇雙方裂痕的效果。難道這就是長沙仲裁委的優質文化嗎？我想左首裁很明白裁決是於法難容、與理相悖的，他聰明過頂，自由心證也隨之發揮到頂，我公司就這樣再次成為心證大刀下的亡魂。

所以，在推行民間仲裁的過程中，就不能太草率、太急促，不能為了追求表面政績而使我們的司法改革誤入歧途。儘管在新生事物誕生之前，現代司法理念實現之前，探索和嘗試是必須的，必要的代價也是一定要付出的，但是不適當的和錯誤的改革措施所帶來的不僅僅在於成本的耗費，更嚴重的是它們在人們觀念中的深遠影響。

二、犯了民事仲裁與行政處罰混淆的錯誤。房地產仲介機構若無資質擅自營業自有主管機關依城市房地產仲介服務管理規定予以處罰，而左首裁深怕行政處罰太輕不能達到規範市場的效果，自己擅自啟動民事仲裁手段加重處罰，即裁決合約部分無效以示處罰，完全無視大陸最高人民法院對合約效力認定的司法解釋，「幫人」實在幫得太徹底了。體制上沒有對仲裁委的有效約束機制，致使他們無視上面的司法解釋，胡抓「對策」窮以搪塞。

三、犯了仲裁機構兼行政機構的錯誤。房地產仲介服務市場制度的建立與維護是行政機構的職責，非仲裁機構所應考慮。仲裁機構只需根據法律規定考慮事實，公平合理的解決糾紛即可，豈可自立標準以維護仲介服務市場制度為由擅自認定合約部分無效。仲介服務市場制度的母法即城市房地產管理法，並無規定未取得仲介資質的仲介機構所簽立的仲介服務合約無效，但左首裁立場已定，故千方百計套上規範市場制度的部門規章，且還擅自擴張部門規章的規定。大陸人大常委會的立法諸公在舉辦立法聽證會時，該要叫這些頑固執法份子到場聽聽，否則你立你的法，他用他的權，立也是白立，法的權威性蕩然無存。

四、犯了裁決書合併使用的錯誤。長沙市仲裁委員會既然同意接受本案重裁，那麼原裁決書就自動失效，哪怕裁決結果完全相同，該有的程序在重裁過程中一項也不能少，必須做出一份完全獨立有效的裁決書。但左首裁懶得費神，乾脆將兩份判決書並用，重裁裁決書第三頁寫著「仲裁庭認為本案重新仲裁之裁決書，事實陳述部分當無重述之意義，故不贅述」。重新仲裁裁決書不再贅述，左首裁實在很捨不得原仲裁裁決書失效，那是他的心血豈可閒著不用，怪哉！前後兩份裁決書必須兼用才可看懂？這是左首裁嘔心瀝血之作，只有他才想得出這種新花招。

五、犯了三個程序上的錯誤。沒有質證程序，重新仲裁必須重新質證，不能因第一次仲裁時已經質證而省略質證程序，裁定中止仲裁程序後未再裁定恢復仲裁程序就匆匆忙忙下裁決書。雖然左首裁想快速實現他內心的目的，但他忘了中國的一句老話，欲速則不達，當左首裁發現出現紕漏時，要我公司在領仲裁書時另簽一份資料，以資補救。

我公司拒絕簽字，秘書小姐表示拒絕簽字就不能領裁決書，我心想，魏督公司已經簽字取走了一份，豈敢不讓我領裁決書？再者，第二次仲裁審理時左首裁讓雙方陳述申請意見，答辯意旨、反申請意旨、反申請答辯意旨後，在雙方同意另行安排調解的情況下，裁定中止仲裁程序，在雙方調解失敗後，隨即下裁決書，忽略了辯論程序尚未走完。左首裁在實體認定上大玩手段，但在嚴謹的程序問題上可就沒門，玩過火也會燒到自己。

六、犯了計算上的錯誤。裁決書上裁決了我公司應該返還服務費人民幣 1825126.16 元，同時也裁決了開發商應補償我公司損失人民幣 730050.1 元，也裁決了開發商應另支付二〇〇三年九月二十九日（左首裁認為在此之前合約無效，在此之後合約有效）以後成交案件的服務費人民幣 332594.31 元，依此計算結果為人民幣 762480.75 元，但左首裁最後裁決我公司應返還服務費人民幣 1095057.1 元，顯然只扣了人民幣 73050.1 元，而忘了扣另一項人民幣 332594.31 元。依大陸仲裁法第五十六條規定可以要求更正，可是我公司的要求竟然石沉大海，這種加減演算法豈不是小學裡的課程嗎？左首裁別再裝睡了！

但是筆握在他手上，他硬是不更正我又能奈他何？我想長沙仲裁委的天秤可能是斜的，附近又找不著修理工具可買，內部根本就不準備維修工具，如此一來豈不一斜到底。人盡皆知仲裁委領導幹部都是一些「三不倒」官員：告不倒，查不倒，管不倒，形式上說是民間組織，實際上主事領導都是披著民間外衣的準官員。一旦進入長沙仲裁委大門，就得使出八仙過海、各顯神通的本領，否則容易成為俎上肉、樽中酒，任人擺佈玩弄，這是我公司活生生的遭遇，血淋淋的教訓。

法官審判不公，自然會引起敗方上訴；法官不能潔身自愛，當然會促使心虛一方趁虛而入，行賄現象就無法避免，法官就會遊走法律邊緣，甚至公然踐踏法律，枉法判決，仲裁員也是如此。每次仲裁裁決後才是另一次麻煩的開始，碰到一個糊塗蛋已經夠倒楣了，如果在中院再遇到一個認事不清的法官，那就不是一個慘字可以形容了。

我公司對第二次仲裁裁決提出《撤銷裁決》的申請之後，得到長沙市人大常委會副主任羅購三的高度關注，並引起長沙市仲裁委主任胡旭晟的重視，長沙市中級人民法院主管院長陳劍文也再次過問此案的公平審理，結果一如往前，再次裁定發回重裁。上帝要誰滅亡必先讓他瘋狂，左首裁不顧司法解釋硬是做了兩次違法裁決，看似瘋了，兩次裁決都被發回重裁，心想，第三次組庭時該下台離席了吧！這下子不就三進宮（仲裁委宮殿）了嗎？每次進宮都要花掉律師費人民幣二～三萬元，每次申請撤銷也要再巡迴一次，還有可觀的隱性成本在等著呢！如果胖一點的還經得起剝幾層皮，像我公司老闆這種苗條型的，折騰三回合後，都變成骨科、牙科、神經科的常客了。若說第一次仲裁是個悲劇，那麼第二次仲裁是個鬧劇。

【筆者應訴之失，提供改進之道】

一、當筆者力爭重新組建仲裁庭失敗後，就提前宣告第二次仲裁結果亦將以敗訴收場，因為那股頑固勢力顯然仍固若金湯般牢牢把持仲裁委這座城池。僅僅可能釋放少量戰利品，給中院留點顏面，以求得日後好見面，如此虛晃一招罷了。

二、我公司鑑尹首次仲裁失利的教訓，雖轍換了「學者型」律師，請來一位「紅頂型」律師重裝上陣，自我期許能夠來個鹹魚大翻身，但我公司律師顯然骨子裡不想力拼，我有種被忽悠（欺騙）的感覺，律師的話還是保留著聽好些。

三、建議台商朋友們，當你發現對方律師與仲裁委秘書長有著千絲萬縷的關係時，你必須拉高層級試圖貼近仲裁委主任，而不能試圖採取拔河方式想拉回秘書長以求瓦解對方團夥，這會讓你一無所成，甚至碰得遍體鱗傷。依筆者所聞所見，法官（仲裁員、領導）在一般情況只會狠咬一頭，再者，一旦對方重心壓在秘書長上，已無餘力兼顧主任，因此，向上發展是在大陸應訴的不二法門。

第五節　換湯不換藥

（本節涉及大陸仲裁庭誇張爛用自由心證權的驚悚問題。台商朋友們，在大陸打官司務必小心「可左可右」的問題，一不小心就左右了你。）

「你站在橋上看風景，看風景的人站在樓上看你，明月裝飾了你的窗子，你裝飾了別人的夢。」這是卞之琳的詩《斷章》。我們周遭的許多人和事物貌似彼此獨立、無關，猶如「斷章」，實際上卻構成了一個互有關聯、不可分割的系統。你可以看風景，但也可能不自覺點綴了風景，你可以看明月裝飾了自己的窗子，但也可能不自覺成了別人夢境的裝飾。大自然、社會、人是一幕幕滾動的風景，而仲裁庭一裁再裁彷彿「斷章」，看似獨立其實一脈相連，始終圍繞在邪惡目的框架內，令人作嘔。

長沙仲裁委搬新家了，外觀美輪美奐，卻難掩內在醜陋。

我們又來了，你們看我們不是景，我們又何嘗有雅興觀賞表裡不一的幻景！走進新的地方，首先進入視線的是一座石方鼎和鑲嵌在地板裡的「和」字，我想是在標榜「和為貴」的傳統思想，整個裝飾風格看似少了些嚴肅，卻多了些和諧。透明的仲裁庭，座位間擺滿鮮花，似乎令人感到溫馨，令人為之動容。我多麼期盼鼎、和、花是擺在主事者與仲裁員的心坎裡，而不是置於地上、嵌入地板、擺放桌上，僅供欣賞而已。

該來的總是要來，但該走的總是不會走，這次來仲裁委勢必要學孕婦走鋼索——鋌險而來，「投之亡地而後存，陷之死地然後生」。

我公司老闆再會王秘書長予以嚴正聲明，組庭再不重來，堵車圍路樣樣來，他既知理虧且知我公司此次是鋌險而來，所以一改過去路線，硬的不來，軟的來。他說：「我們很認真慎重地研究了仲裁法，並沒有限制重新組庭，法律沒有限制的我們就可以做。」言下之意，他妥協了。我想，仲裁法始終不變，同一理由說了千百遍，為何不早點變，非將我公司磨層皮才要改變？撤換左首裁當然大快人心，但走了舊問題，來了新問題，誰來指定新首裁呢？仍是主任授權王秘書長指定？換湯不換藥！我看裁決方向肯定不會變，只是返還金額再略微改變，說白了放狗屁安人心。

我靈機一動，建議老闆向王秘書長提議採名單對碰的方式選出首裁，具體方法是由仲裁委出面邀請雙方到仲裁委會議室協商，雙方各自從仲裁委員名冊中挑選十位首裁候選人，寫入白紙，然後同時掀開並核對是否有重複人選，我稱它「名單對碰」，一次碰不成，繼續碰，直到碰上為止。這種方式便能產生代表雙方協商後的共同委託首裁人選。王秘書長沒有不同意的理由，後來雙方依約如期而至，王秘書長親自主持。

第一次名單對碰的結果，流產，我主張如法炮製繼續對碰，但此時王秘書長顯然有點急躁，他不同意繼續對碰下去，理由是浪費時間，平常做事效率不高的仲裁委突然注重起效率來了。效率面前是不能叫公平讓步的，失去公平的效率是一文不值的，有公平的開始才有公平的結果，我公司老闆很堅持，但王秘書長更較勁，一副要打發人走的口氣。老闆心想，與其首裁人選由你指定，不如在對方心儀的十個人選中挑選一個可靠些。

老闆萬般無奈再提出一個新方案，要求寬限三天時間以便從對方名單中挑出人選。這是通情達理的要求，王秘書長退無可退同意我公司老闆的提議，但僅寬限半天時間，即隔天上午九點必須交出人選，否則依法定程序指定。王秘書長手段太絕了，作風太猖狂了，我公司必須在數小時內從對手的朋友中挑選一個裁判，一步步被逼入自刎烏江的絕境中。老闆離開仲裁委會議室時已經下午五點了，吃飯時間到了，天也黑了，找誰打聽魏督公司與這十個人的關係？找誰打聽這十個人的專業與人品？老闆當時只恨自己不是市委書記的弟弟，沒有當市長的哥哥。如何確定人選呢？教授是高級知識份子，應該相對可信吧！最後選出一名大學教授，他姓尹，與魏督公司老闆同姓，時間緊迫使我們無法瞭解他們彼此間有無血緣關係。

第三次仲裁質證程序結束後，尹首裁一如往常定期邀請雙方調解，在調解過程中，尹首裁試探性尋問我公司老闆以返還魏督公司人民幣三十萬元做為調解底線是否可以接受。這樣一來，魏督公司既不用拿出五十幾萬元人民幣的欠款，尚可淨得人民幣三十萬元的調解款，我公司老闆雖不精明還懂得算這筆小帳，態度堅決一口回絕！但礙於仲裁氣候確實惡劣，老闆也不得不忍著心拋出底牌，即五十幾萬欠款只能少給不能不給的調解思路，否則，就像棉花店失火一樣──免談（彈）。

辦完事不給尾款，還想將以前支付的錢全額收回，魏督公司想的真美，這不是毛澤東與蔣介石的人頭問題（錢的問題），是正義尊嚴的問題，我公司捍衛到底。聽說毛澤東曾幾上盧山，有一次看到有人要將「美盧」二字鏟去，趕忙制止，說留著吧！美盧因此有幸存留，並成就之後的一句拍賣廣告語：「毛澤東得到的，蔣介石失去的，全都給你」。這種簡易哲理尹首裁故意悶在肚裡。

調解再度失敗，戰線又拉回仲裁審理程序，在別人兜裡想要撈點好處，簡直就是在做白日夢。尹首裁可是魏督公司兜裡人物，但皮膚比起前兩任的左首裁看似白一些，我想為人應該相對清白些。

在大陸，包青天早在北宋時就作古，至今尚未投胎轉世呢！我們不敢奢望正義之神馬上到來，也不敢冀盼貴人突然從天而降，一個人被拋來甩去三次後，都會眼冒金星、天旋地轉的，期望值變低了，我們預期第三次仲裁結果應該是打個平手。我只是好奇仲裁書怎麼下筆，一隻純種的白天鵝，硬說是雜色水鴨，真不知要掰出什麼故事來。

二〇〇六年十二月二十九日仲裁結果出爐，醜媳婦終究還是要見公婆的，仲裁結果歸納為兩點：

1、合約自始全部有效。

2、我公司返還魏督公司人民幣三十萬元服務費。

裁決理由歸納為三點：

（1）認定合約性質屬綜合服務合約性質，沒有違反國家強制性規定。

（2）認定我公司沒有做好售後服務應返還人民幣八十二萬元。

（3）認定魏督公司尚欠我公司服務費五十二萬元。

第三次仲裁結果比前兩次要改進很多，雖然我看了仍然氣憤，但不像前兩次看了想吐，現在白米已成粥，也只能搖搖頭、摸摸肚，已經沒有什麼法度。

山路雖然曲折盤旋，但畢竟朝著頂峰延伸，含淚播種的人一定能含笑收成；一個人最大的破產是絕望，最大的資產是希望；世界上沒有絕望的處境，只有對處境絕望的人；破釜沉舟，百二秦關終歸楚；臥薪嚐膽，三千越甲可吞吳；積極思考造就積極人生，消極思考造就消極人生；不為失敗找理由，要為成功找方法。這些都是老闆在三次仲裁後賜給我的座右銘，老闆真是個維權鬥士，我內心裡的一把火。

對第三次仲裁結果不服，我公司要改變策略，不再提起撤銷申請，而是當魏督公司提出執行申請時，我公司再依大陸民事訴訟法的規定，提出「不予執行」的申請。第三次仲裁所犯的錯誤與前兩次仲裁有質的變化，這次的錯誤在實體認定缺乏依據，並沒有出現程序上的大紕漏，可能是因為前兩次仲裁都被發回重裁的教訓，第三次新人馬兩隻眼睛盯著程序問題，再一再二可不能再三，就怕「再三」栽在程序問題上。可能精神壓力過大，神經過度緊張，所以防堵了程序漏洞，出現了實體木馬，第三次仲裁犯了三個超級低級的錯誤：

一、擅自增加我公司合約義務：合約內明文約定我公司的服務內容與收費標準，並沒有包括售後服務在內，但尹首裁卻擅自給我公司加了售後服務，我公司已經做牛做馬在工作了，他還認為我公司沒有做好驢的工作，所以對我公司予以減糧。

二、扣減八十二萬售後服務沒有依據：尹首裁認為我公司沒有做好售後服務就該扣 819539.14 元，既然精算到角、分，肯定有一定的計算公式，但他卻隻字不提，若按總服務費的比例扣減，依習慣做法「比例」應該是個整數，但實際一算卻發現是個除不盡的比例。顯然這個數字不是算出來的，是倒果為因推算的方式。「因」，四處可找，「果」，是團夥既定不能改變的。在調解時就有跡象可循了。所以，未審就先有結果了。開庭審理只是過過程序而已，這時我才大夢初醒。

他們的如意算盤是程序錯誤不犯，實體錯誤不管，因為實體上出錯我公司拿他沒轍。這是個不對稱的搏擊場，整個仲裁過程根本就是算計過程，什麼交叉質證、自由陳述、相互辯論都是一場遊戲，我公司不但是個免費的配角，還得花錢買出場，盡將當事人當馬戲團的猴子耍，惡劣之極。

三、超越當事人的請求：魏督公司在仲裁申請書上只請求返還售後服務損失六十三萬元，不論魏督公司是否有理合法，這都被界定為請求上限，但尹首裁卻裁個八十二萬元，多了十九萬元。我們可以用生活的方式看新聞，同樣的新聞不一樣的解讀，但我們不可用生活的方式看仲裁，要用嚴謹的態度面對仲裁，畢竟他是民事糾紛的裁決者，司法正義的維護者。他不是街道辦的調解委員會，國家賦予一裁終結的權力與使命，就必須嚴肅對待。該不會因為我們是「呆胞」，所以魏督公司宰一刀，仲裁委再加一刀？

這種訴外裁判代表著裁判者的法學素養或道德操守或敬業精神的水準太低級。堂堂湖南大學法學院的教授豈會犯這種低水準的錯誤，水準應該比文憑重要，偏偏低水準的錯誤就被水準不低的人碰上，是他們倒楣還是我們不幸，當初我們在對方名單中挑來挑去，怎麼挑都難跳出對方的手掌心。現在看來，釜底抽薪之策就是趕快跳離仲裁魔掌，跳回人民法院民事訴訟程序，但事實證明訴訟環境相較仲裁環境而言，是矮個子裡的高個子，任你怎麼跳也跳不出如來佛的五指山。

另一種折磨隨即接踵而來。

【筆者應訴之失，提供改進之道】

一、第三次仲裁初始，筆者就發動凌厲攻勢，雖撼動不了秘書長地位，但左首裁必須拎包走人，仲裁庭必須換人重組。最後在仲裁委主任的關切下，終於如願以償，不過，如果換掉了哥哥，卻走馬上任了弟弟，豈不是仍在一家院子裡打轉，因此，筆者才會想出「名單對碰」的妙招。這招果然靈驗，合約效力終於復活了。

二、建議台商朋友們，在風口浪尖的環境中，想突圍就得自己想方設法，別過多寄希望於律師。在大陸打官司，小微型企業老闆必須輕裝上陣，不能猶如發射飛彈射後不理，不能理而無方；中大型企業不能只派內部專聘律師應戰，不能總是高舉兩岸交流大旗，必須能融入當地司法的陰暗面，在內部形成一套靈活應對機制，別忘了找對的人去做對的事，而且還要用對方法，才能力挽狂瀾。

第六節　三裁不行

（本節涉及大陸民事訴訟執行上的一大特點，就是「不予執行」的設計，這次靠它救了我公司免於受害。台商朋友們，據有中國特色的司法制度還多著呢，非看不可！）

第三次仲裁裁決，就是換湯不換藥，仍裁決我公司要返還三十萬元人民幣給魏督公司。我公司經專家團審慎研究，決定改變策略基調，不再提出「撤銷之訴」，等對方提出執行時再提出「不予執行」申請。這次防禦是萬事俱備，只欠東風，欠的是正義之風，我公司決定從明顯的實體違法做訴求，相信正義之神不是不到，只是時間未到。

二〇〇七年十二月份，長沙市天心區人民法院對魏督公司提出強制執行做出了「不予執行」的裁定，理由是「本院經由審查後認為，（二〇〇三）長重仲裁字第 292-2 號裁決書，裁決從被執行人應收取的服務費中扣減 819537.74 元，缺乏事實依據，被執行人提出異議理由成立」，我公司的吶喊總算驚動正義之神，震撼了法官。可見，有些訟案不是案情曲折問題，不是法官專業問題，而是法官內心深處的正義問題，所以一盎司正義重於一磅學歷。天心區法院戎群審判長、孫副院長就是正義感強些，裁判水準驟然提高幾個台階，大陸法院好法官有之，只是有點稀缺。

「三裁不行」終於落幕，司法正義得到混凝土式的防衛，結實堅固。

從二〇〇三年十二月中旬到二〇〇七年十二月法院對第三次仲裁裁定不予執行止，整整花了四年時間。這段時間發生過許多事，也見證過許多人，太多的糾結，太少的公正，結果雖然是正義的「裁定」裁掉了不義的「裁決」，但一切還得從頭開始。這如同經歷一次世界浩劫歸來，還得開香檳慶祝一般，內心五味雜陳，因為我公司應得未得的服務費仍然一場空。我粗略算了筆帳，雙方投入的各種顯性成本合計可能高達人民幣五、六十萬元，還不包括隱性成本在內。

每次啟動救濟程序，有些法官就痛宰當事人一次，有些律師就剝當事人一層皮，當事人被宰了以後，又將成本轉嫁在商品上，若提高不了商品價格，就降低商品品質，等於宰了終端消費者一次。一物宰一物，這是司法食物鏈的一個環節，如此惡性循環，社會不亂才怪。時間、精力的隱性耗損更難以用金錢折算，錯一錯二再錯三，錯多了就會產生累加放大效應，不滿情緒就會跟著水漲船高。大陸僅有的三裁不行案例的發生，謹希望給大陸相關部門一個反思，現有體制是如此在摧殘當事人，有多少人因此喪失信心，思想開始偏激起來，做事開始消極起來，這是糟透的環境強加在人們身上，人們含著淚水被迫抗拒的現象。由於仲裁委錯裁連連，接著要從零開始進行司法訴訟，我公司已到了抱著一種沒有耐心的期待，期待著陽光的出現，一掃陰霾。

有些領導整天想著升大官攬大權，有些法官整天想著藉機發財，善抓機、敢抓機，機會一失不復返，殊不知他的快樂是建立在當事人的憤恨之上，「好景不常在」，請眾多權力在握者多些正面思考，別處處製造憤恨。

官位誠可貴，權力價更高，若為正義故，兩者皆可拋。

有此高風亮節的法官不知有多少？能體恤民情，苦民所苦的地方官員的成長率是否能跟上 GDP

成長率，在快速拉動經濟發展三頭馬車（出口、投資、消費）的同時，是否對馬伕的要求、監督也應多一些。

「三裁不行」，大陸仲裁紀錄被我打破了，這是一個沒有獎金沒有喜悅的紀錄。

愁人懼衙、幽人怯訟，在大陸打過官司的人常會變成一群憂愁之人，被人民法院整得七零八落的人更會變成一群幽隱之人，整天幽居岩戶之間，無事不敢出門。這些愁人幽士只要靠著原告被告席位時內心總是魂銷魄散，感慨萬千，雖說仲裁是民間行為，有別於訴訟行為，但在大陸的仲裁機構裡，竟然會有連裁三次仍不行的荒唐案例，那麼，強調一裁終局的仲裁體制與二審定讞的訴訟制度又有多大差別呢？

【筆者應訴之失，提供改進之道】

一、依據大陸民事訴訟法（舊版）第二百一十七條規定「被申請人提出證據證明仲裁裁決有下列情形之一的，經人民法院組成合議庭審查核實，裁定不予執行——

1、當事人在合約中沒有簽訂仲裁條款或者事後沒有達成書面仲裁協議的。

2、裁決的事項不屬於仲裁協議的範圍或者仲裁機構無權仲裁的。

3、仲裁庭組成或者仲裁程序違反法定的程序的。

4、認定事實的主要證據不足的。

5、適用法律確有錯誤的。

6、仲裁員在仲裁該案時有貪污受賄、循私舞弊、枉法裁決行為的。」

本案第三次仲裁就犯了第四項錯誤。

二、在此提醒讀者，自本案二〇〇三年十一月提起仲裁至今，大陸民事訴訟法修正過兩次，最新版本為二〇一二年版，已將第二百一十七條調整為二百三十七條，並對第四項內容修正為「裁決所根據的證據是偽造的」；第五項內容修正為「對方當事人向仲裁機構隱瞞了足以影響公正裁決的證據的」，其餘內容沒有變動。

簡言之，現在已經不能再以「認定事實的主要證據不足」或「適用法律確有錯誤」為理由來向大陸執行法院申請「不予執行」了，必須是牽涉到「偽造證據」或「隱瞞證據」，才可依據新修正大陸民事訴訟法第二百三十七條第二款第四、五項情形申請不予執行，讀者務必切記。

第十三章
大陸優秀法院不優秀

在大陸經商處處得罪官爺們肯定處處行不通，筆者也再三反思，但社會責任與個人利益到底孰重孰輕？大陸已是個經濟巨人，司法卻仍是只侏儒，謹希望司法侏儒能早日長大成為小巨人。

閱讀本章節之前，先來認識下大陸的法官：

一、法官一再刁難，致使訴訟過程一拖再拖。

依大陸民事訴訟法第一百四十九條規定「人民法院適用普通程序審理的案件，應當在立案之日起六個月內審結，有特殊情況需要延長的，報請上級人民法院批准。」然而，我公司與開

發商魏督公司之間關於「房地產包銷合約」糾紛，總標的額度亦不過人民幣百餘萬元，光是在一審就審了一年半的時間。

癥結在於法官屁股坐歪了，一再刁難我公司，如：將本案劃為簡易案件，企圖按簡易程序由柳法官一人獨審，並按民事訴訟法第一百六十一條規定在三個月內審結，後來經我公司提出異議後，方改按普通程序進行審理，前三個月時間就這樣折騰掉了。我公司只主張魏督公司有二十套成交案件未結服務費，可是這位恐龍法官硬是命我公司提供所有已收取服務費的案件明細，要主動查核我公司已收服務費中有無包括這二十套服務費，不僅如此，還要求我公司主動將所有成交案件送審計機構進行核對審計。

他完全無視舉證責任歸屬的硬性規定，經筆者多次提出書面異議後才勉強同意放棄強制審計的要求，可是，半年光陰已一逝不復返。緊接著，接到更換法官的通知，繞了半年路又繞到原點，現在又要從核對當事人、宣佈案由、宣佈審判人員及書記員、告知當事人有關的訴訟權利義務、詢問當事人是否提出法官迴避申請、當事人陳述主張、出示書證及物證、相互質證、互相辯論、徵詢各方最後意見、詢問調解意願、當事人審閱筆錄並簽名等流程一個不能少再走一遍，一年半就這樣耗盡了。

二、同樣的訴訟卻發生了不同的收費。

我公司起訴開發商魏督公司交房辦證繳了人民幣萬餘元的受理費，後來發生了開發商魏督公司惡意一屋兩賣，買方也針對該三套房屋訴請辦證，結果只繳了人民幣二十五元，令人不解。

三、你判你的，我判我的，同樣的房子竟判給不同的兩個人。

湖南省長沙市雨花區人民法院判決撤銷了我公司的房屋買賣合約，後來經長沙市中級人民法院改判有效，開發商魏督公司狗急跳牆，一不做二不休竟來個一屋兩賣，並串通該買方在雨花區人民法院起訴，該法院莫名其妙的將該三套房屋又判給惡意的第三人。

四、官司還在一審時，二審法院院長就急著出手表態，官司到了二審又將如何面對？

我公司包銷了一別墅區，因故與開發商陷入結款矛盾，案子還在一審院裡，二審法院院長就在開發商帶濃厚詆毀情緒的陳情書上批字送交一審法院院長，真不敢想像案子到了二審死相會有多難看。

五、法院不依法公正判決，致使財產保全過度，誰該承擔民事賠償責任？

我公司因擔心開發商脫產，依大陸民事訴訟法第一百條第一款規定「人民法院對於可能因當事人一方的行為或者其他原因，使判決難以執行或者造成當事人其他損害的案件，根據對方當事人的申請，可以裁定對其財產進行保全，責令其做出一定行為或者禁止做出一定行為。」第二款規定「人民法院採取保全措施，可以責令申請人提供擔保，申請人不提供擔保的，裁定駁回申請」；第一百零二條「保全限於請求的範圍，或者與本案有關的財物」；第一百零五條「申請有錯誤的，申請人應當賠償申請人因保全所遭受的損失。」

那麼，當申請人的合法合理訴訟請求不被法院接受時，而法院已依申請並按訴訟請求範圍實施了財產保全，被申請人主張受有損害提起損害賠償之訴，申請人該不該承擔損害賠償責任？很多台灣律師從各種不同假設角度分析出各種不同判決結果，筆者要說，專家們對判決結果的多變性預測，可以說是說準了，但對判決理由的分析可就大失準頭了。

第一節 蝸牛式審判

（本節涉及法院濫用簡易程序、法官濫分配舉證責任的程序不公問題。台商朋友們，別小看這些芝麻小事，它已經透露判決不公將很快飛向你來，你不能不提前做好反擊準備。）

來大陸整整十個年頭，每三個月都激情返鄉一次，每次返鄉都先到士林夜市炒盤蝸牛肉以茲宣示返鄉之情。蝸牛具有很高的食用和藥用價值，營養豐富，味道鮮美，屬高蛋白，低脂肪，低膽固醇，富含二十多種氨基酸的高檔營養滋補品。在國外，蝸牛是七種走俏野味之一，列國際上四大名菜（蝸牛、鮑魚、干貝、魚翅）之首。在法國有「法式大菜」之美譽，在歐美國家的耶誕節中，幾乎到了沒有蝸牛不過節的地步。

蝸牛是世界上牙齒最多的動物，雖然嘴的大小和針尖差不多，卻有兩萬五千六百顆牙齒，行動十分緩慢，遇到威脅便頭縮殼中，自我保護意識較強。

有首蝸牛詩是這樣寫的：

世界上最自卑的就屬蝸牛了，他終生背著巨大的罪惡感。

世界上最自負的就屬蝸牛了，他終生背著沉重的紀念碑。

蝸牛是悲觀主義者，他整天躲在房子裡；他懷疑沒有人會願意與自己交為朋友。

蝸牛是樂觀主義者，他整天帶著房子四處旅行；他相信任何地方都是陽光燦爛的家園。

蝸牛在各種文化中的象徵意義也不相同，在中國，蝸牛象徵緩慢、落後；在西歐則象徵頑強和堅持不懈；有的民族以蝸牛的行動預測天氣，芬蘭人認為如果蝸牛的觸角伸的很長，就意味著明天有一個好天氣。

當二〇〇七年十二月長沙市天心區人民法院對長沙仲裁委員會第三次仲裁裁決做出「不予執行」的裁定後，我公司與魏督公司的司法糾結沉寂了半年杳無音訊。這正是暴風雨前的寧靜，接踵而至的是緩慢的蝸牛式審判，光在一審庭院裡就足足走了一年半，另一件關於服務費請求案更是離譜，被裁定中止訴訟達兩年半才恢復一審審理，這到底象徵東方的緩慢還是西方的頑強？

我公司包銷都市陽光樓盤的未收服務費尚有人民幣五十五萬元，外加九年遲延利息及違約金合計高達人民幣一百五十萬元，不是我公司不想要，而是信心已被仲裁委啃掉，總要休養身心，補充彈藥。好鬥是大陸開發商普遍存在的本質，法律對他們而言不是約束是揮灑，不是毒藥是妙方，我們會因法律種種限制而裹足不前，反而為他們讓出一條藍海通道。當我公司與魏督公司博弈的跑道由商務仲裁切換到人民法院的審判過程中，又發生諸多離經叛道的怪事：

雨花區人民法院竟然決定對本案採用簡易程序審理，即表示只有一位獨立法官審理，而非採普通程序進行，即由三位法官（或其中一至二名為人民陪審員）組成合議庭審理。目前這位獨立法官一人可以決定案件的勝敗，他就是柳東力法官。據我公司調查其與魏督公司委託律師賀良是哥兒們，可見天秤傾斜已初現端倪，本案似乎已被魏督公司做好枷鎖套住。

我公司立即提出「變更訴訟程序」的申請，理由有：

一、本案曾經長沙仲裁委員會三次仲裁，前兩次遭長沙市中級人民法院發回重裁，第三次還被天心區人民法院裁定不予執行，案情複雜，與簡易程序的適用情況不同。

二、原告起訴後，被告也提出反訴，雙方爭議頗大，與簡易程序的適用情況不同。

三、本案牽涉合約效力的認定，雙方權利義務關係較複雜，並非簡單的民事訴訟。

我公司老闆也為此投訴多位法院領導，法院最後決定改採普通訴訟程序審理。然而，正式開庭當天才知道合議庭成員中有兩位是人民陪審員，不具備法官身分，審判長仍是柳東力法官。業內人士皆知，絕多數人民陪審員實際上發揮不了陪審作用，形同虛設，故合議庭成員中最起碼也應該有兩位法官，否則，有假合議程序之名行簡易程序之實的嫌疑。從本案合議庭陣容觀之，魏督公司的仲裁操作模式又悄然複製到一審法院來了，我公司又將面臨另一場不公平的競技。

以下簡單介紹大陸人民陪審制度：

參考規定：

1、大陸人大常委會透過的《關於完善人民陪審員制度的決定》。

2、大陸最高人民法院《關於人民陪審員管理辦法（試行）》。

簡要內容：

1、中國公民擔任人民陪審員，應當具備下列條件：擁護中華人民共和國憲法；年滿23歲；品行良好、公道正派；身體健康。

2、人民陪審員除不得擔任審判長外，同法官有同等權力。

3、人民陪審員雖然不受《法官法》的約束，但是應當遵守法官履行職責的規定，保守審判秘密、注重司法禮儀、維護司法形象。

4、人民陪審員制度不適用於人民法院適用簡易程序審理的案件，以及二審程序、死刑復核程序。

5、從本院隨機抽取人民陪審員。

6、人民陪審員名額由基層人民法院提請同級人民代表大會常務委員會確定。

7、人民陪審員因參加審判活動、培訓而支出的公共交通、就餐等費用，由所在法院，參照當地差旅費支付標準給予補助。

8、無固定收入的人民陪審員參加審判活動、培訓期間，由所在法院，參照當地職工上年度平均貨幣工資水準，按照實際工作日給予補助。

本案在開庭審理過程中，主審法官的角色確實有些模糊，儼如魏督公司的律師，甚至比律師還懂得維護魏督公司的訴訟權益。大陸最高人民法院出台的《關於民事訴訟證據的若干規定》，好像對某些基層法官不管用，似乎是誰規定的誰去用，具體表現在下列三點：

一、我公司的反訴請求只主張魏督公司有二十套成交房屋的服務費未付，對方負有證明已支付該二十套房屋的服務費的舉證責任，但柳東力法官不這麼認為，他認為應由我公司證明全部已付服務費中不包括該二十套房屋，筆者不予認同。

柳法官直率對我說：「你不照我的意思去做我就無法繼續審理，案件乾脆擱置好了……」筆者對其審理方式表示極大異議，柳法官挺著腰桿說：「是你們照我的方式來審，不是我照你們的方式來審。」筆者表示應依舉證責任分配原則來審，這是司法解釋的明文規定，不屬自由心證範疇，但柳法官此時像是剃頭匠發火——置之不理，似乎鐵了心幫忙幫徹底，哪管什麼原則。

二、柳法官要我公司將已收取的服務費資料送審計，查清魏督公司是否多付服務費。怪！燒黃青菜煮焦飯，柳法官太過火了，魏督公司是主張「合約無效」，並非主張「退還超支服務費」，柳法官此舉不是超越訴訟請求嗎？我試想讀萬卷書真不如行一里路，審理程序陰陽怪氣。

三、有一回通知開庭日撞上筆者出差日，筆者申請改期，柳法官說：「我就這天有空，否則最近就不開庭了。」筆者只好開庭優先，出差延候，巧遇開庭日也撞上對方律師庭期，柳法官通知開庭日期延後七天，同樣都是當事人的代理人卻有兩種不同待遇，這也屬自由心證嗎？

要讓事情轉好，先讓自己變得更好，用最少的浪費面對現在，用最多的夢想面對將來，自古華山只有這條路，順著走就是。公司動用兩個人花了十幾天的時間才將五年前的服務費發票及對帳單詳細核對無誤後送交柳法官。至此，本案已審理了八個月時間，接著又接到了更換主審法官的通知，新法官對案情須重新瞭解，這就意味著可能再延宕八個月才會結案。

我公司先前與魏督公司在雨花區法院交手了數案，均慘遭滑鐵盧，全賴二審改判，本案審理過程我公司老闆親自披褂上陣，也獲得劉建軍院長等高度關注，本案拖到〇九年十一月中旬，盼望已久的判決書終於下達了。光是一審程序整整走了一年半，按規定一審程序應該在六個月內審結，判決結果歸納三點：一、合約自始全部有效。二、開發商應支付我公司服務費人民幣五十四萬元。三、我公司主張的違約金請求不獲支持。

優秀基層法院終於露出一點原貌，新人新氣象，新人新思路，新接手的主審袁法官顯然受過專業培訓，據說還是個法學研究生。袁法官明確認定本案沒有審計上的問題，在訴訟程序上少繞一點彎路，也為當事人省下一點審計費。聽說柳法官是軍轉幹部，顯然錯將軍事法官轉調民事法官，這種司法錯配將造成司法錯判，如同錯將張飛當岳飛，錯殺金兵滿天飛，此飛非彼飛。實際上，軍事法官有別於民事法官，看似差之毫釐，實則失之千里，當事人應該有說不的權利。

本案在訴訟過程中發現另有服務費人民幣十萬餘元未結算，隨後又提起給付服務費的民事訴訟，雨花區人民法院另外立案審理，前後兩案主審法官同一人，主審法官於〇八年十月對後案裁定中止審理，理由是後案的審理結果應當以前案的審理結果為依據。然而前案已於〇九年十一月中做出判決，後案應立即恢復審理，法官卻又以前案未經終局判決為由，繼續中止審理，辦案速度猶如蝸牛爬行，爬爬停停。

筆者深表不以為然，既然前案已經本院認定合約有效，並認定魏督公司應支付服務費人民幣五十四萬元，後案也是基於同一份合約的關係，也是請求給付服務費，卻出現同一法院就前案的服務費可以判決，就後案的服務費不可以判決的矛盾現象。這或許與魏督公司的拖延策略有關，因前案只判決魏督公司應給付服務費，但未判決應給付遲延利息及違約金，魏督公司不發生延遲付款的違約成本，拖一天給付，賺一天利息，越拖越有利，法院也隨之翩翩起舞，豈不可悲！

大陸「和諧號」火車越跑越快，高速公路的限速也一再提速，士農工商爭分奪秒地工作，只有法院辦案越辦越慢。法院審理案子應該本著「能快不能慢，辦對不辦貴」的原則，與民同步，與時俱進，才符合大陸發展的新趨勢，才符合兩岸人民的新期待。

英國有一句著名的法律格言，即「遲到的正義就不是正義」。而且，正義第二個含意就是效率。

所以，時任大陸最高人民法院院長肖揚反覆強調「公正與效率是司法永恆的主題」，這也是一切立法所遵循的最高價值。然而，在現實生活中，由於一些辦案人員怠忽職守，麻木不仁，甚至貪贓枉法，使案件久拖不決，使一些當事人苦苦等待，有的對法律的公正失去信仰，含恨自殺，這不就是以死抗議嗎？

【筆者應訴之失，提供改進之道】

一、本案牽涉合約效力的認定，且已經仲裁委三裁三撤，雙方爭議之大，不該適用簡易程序，這已露出不尋常味道，經側面打聽果然別有蹊蹺，主審法官正是對方委託律師的忠實粉絲。筆者遂展開一連串投訴，終於改按普通程序進行審理，後來主審法官也撤換了，正義之神隨即迎面而來。筆者對判決結果雖不十分滿意，亦能勉強接受，在此不得不感謝劉建軍院長及吳正文副院長適時接受筆者意見，讓詭異的審理過程柳暗花明。

二、建議台商朋友們，在大陸打官司首先要惦量惦量對手份量，其次要客觀評估我方之失，千萬別只顧著緊盯對方之過。大陸人在合約履行中可以千錯萬錯，台灣人可就一條也不能錯，誰叫我們自投羅網。

第二節 同樣的訴訟，兩樣的收費

（本節涉及法院亂開繳費單該不該服繳的尖銳對抗問題。台商朋友們，千萬別以為多繳就能獲得善報，也千萬別寄託律師幫你說情，這檔事他們的立場是一致的。）

魏督公司因無法支付我公司包銷都市陽光專案的服務費，雙方在二〇〇三年八月分別簽立三套房屋買賣合約，約定由服務費轉抵購房款，服務費如果不足支付購房款，則現金付清，並約定二〇〇三年十二月三十日必須交房，二〇〇四年六月三十日必須辦理過戶手續。因魏督公司拒不交房，也不辦證，我公司遂於二〇〇五年五月十八日向雨花區人民法院起訴交房，但該法院竟然以訴訟請求錯誤為由拒絕立案。該法院認為訴訟請求必須增加一項即「確認三套房屋買賣合約有效」，才能再接著請求交房。別以為法院服務到位，是因為增加該項訴訟請求可增加人民幣一萬元受理費收入。

我公司表明合約簽立符合成立要件後就應推定有效，當事人可以直接起訴請求履行合約的部分內容或全部內容，如直接請求交房、付款、辦證等。對方若認為合約有法定無效情形或約定解除條款，應由對方抗辯或提起確認合約無效的反訴，不應命原告增加無謂的訴訟請求。雨花區人民法院可能需錢急用，手頭緊，態度十分堅決，不增加該訴訟請求就不受理。

我公司舉例反問，如果有人買了一百萬元的房子，尾款只剩一萬元未付，賣方想起訴要回該一萬元，是否得先確認買賣合約有效，先繳兩萬五千元受理費才能請求要回一萬元的房款？立案庭法官態度不屑，拒不回答。但受理法院僅此一家別無分號，我們又能如何？我公司要求開張駁回立案裁定或相關證明，他們的回答是沒單可開，統統都一樣，無一例外。理由似乎很正當，因為沒單可開是法院之前人人平等的事，大家都很公平，不存在誰吃虧的問題，別人都能接受，唯獨我公司欲享特權不能接受？看樣子我公司還可能被打入刁民一族。

此地有理說不清，想講道理就上五台山上去講吧！我公司被迫不得不再領一萬元繳了，後來我公司發現，魏督公司竟然又將賣給我公司的三套房子一屋兩賣給第三人，該第三人在二〇〇七年十一月份向雨花區人民法院起訴請求魏督公司辦證，卻只繳了二十五元受理費（二〇〇七雨民初字第2517號），根本看不到有「確認房屋買賣合約有效」這一項訴訟請求。法院暗路走多了總算碰上鬼，俗語說「久在河邊走沒有不濕腳」，這下看你法院怎麼自圓其說？在搞兩岸的差別待遇嗎？難道台胞真的是呆胞嗎？

還有一回，為了上訴費該繳多少錢，筆者與二審立案窗口的官爺們槓了起來。我搬出最高人民法院的收費標準做依據，這位官爺們口氣不小，稍稍吹口氣都足以滅掉森林大火，他說：「別老是搬出上面的規定，有些規定到了下面是行不通的，是沒人會照著搞的。」話都講到造反份上來了，我想，再爭下去也是浪費口舌，繳了算了。

二〇〇五年十一月下旬天氣真的寒冷，寒風刺骨，我公司接到敗訴判決，這個章輔法官有夠狠，判我敗訴之前不忘先撈上萬把塊錢的受理費。外面天氣再寒也比不上心寒，判決結果歸納三點：

1、解除三套房屋買賣合約。

2、開發商承擔逾期交房違約金三萬七千八百一十八元。

3、我公司承擔逾期付款違約金一萬三千八百零七元。

理由歸納為：約定由服務費轉作購房款的協議無效；以魏督公司未準時交房及我公司未在魏督公司催告期限內付清尾款，認定雙方都有違約，雙方都有約定解除權。

在大陸中部地區看到荒唐判決書可別大驚小怪，這可是三天兩頭就會發生的事，也不是只有台商才會碰到的事，不管台商、港商、外商、內商統統會碰到的事。這跟哪路人沒有關係，只跟懂不懂套路有關係。台商習慣走大路，大路容易塞路；大陸人習慣走套路，套路較好上路。

我們常說人與人之間有了關係就沒關係，沒有關係就有關係，這句話放諸四海皆準，大陸地區尤甚。這麼簡單的一個民事案子都被判得如此不簡單，再簡單的事也要複雜的辦，想靠司法維權真難呀！

雨花區人民法院的判決犯了下列幾個錯誤：

一、犯了行使解除權程序上的錯誤。依大陸合約法的規定，解除權的行使必須完成通知對方的程序才能生效，我公司自始至終未接到魏督公司解除協議的通知，該協議依法不會自然失效。縱使解除條件已經成就，雙方仍可繼續履行，並無硬性規定有解除權的一方非要行使解除權不可。

二、犯了習慣上認知的錯誤。賣方的兩大義務是交房與辦證，豈可要求買方在賣方只交房未辦證的情況下付清房款，這與交易習慣不符。

三、犯了解除合約不退款的錯誤。縱使雨花區人民法院硬要幫魏督公司取回三套房子，也應該判決退還已收的房款共計人民幣七十六萬元並加計利息，但很不幸的，情況並非如此，天下好事盡給魏督公司，倒楣透頂的事盡給我公司。法官的審判權漲到天上去，百姓的合法權跌在地上爬，開發商賺的豈只七十六萬，三套房子的市價已高達人民幣四百多萬！主審法官為何要這麼幫開發商，開發商在玩什麼套路？拿我公司的錢去當散財童子？

四、犯了主從合約認知上的錯誤。本案三套房屋買賣合約與服務費協議書並無主從合約的關係，但雨花區人民法院卻主觀認定為主從關係，這是易看易懂的法理，但法官就是不理。我走了湖南幾個法院，看到各通道梯廳牆上掛著各種司法潔淨標語，到底是美化環境用的，還是參加評比用的？是掛給領導看的，還是掛給當事人看的？我始終覺得不是掛給法官看的，否則，不堪入目的判決就不會四季開花。

一、當我公司律師轉來法院立案庭意見，也就是必須添加一條訴訟請求，否則不予受理，筆者不服，煩請律帥代為交涉，結果律師調過頭來說服筆者。他坦言自己反被法院說服了，自覺法院的要求合法合理，我公司老闆咬緊牙根繳了，最後，官司還是慘敗收場。

二、建議台商朋友們，當法院要求不合理，律師反倒前呼後應時，這表明律師在院裡吃不開，也表明律師的執業道德出現盲點，應該當機立斷，將他撤了。

第三節 一個媳婦判給兩個人

（本節涉及開發商利慾薰心，公然一屋兩賣，法院也跟著暗地裡推波助瀾。台商朋友們，不得不信邪，有錢真的能使鬼推磨呀！）

二〇〇六年十二月七日，長沙市中級人民法院撤銷了雨花區人民法院的判決，也就是改判我公司與魏督公司的三套房子買賣合約為有效。煮熟的鴨子竟然飛了，到口的肥肉竟然掉了，魏督公司及其幕後黑手自知情況不妙，最後來個明修棧道、暗渡陳倉之計，一方面積極向湖南省人民檢察院提出抗訴申請，一方面密謀透過雨花區人民法院將三套房子再判給第三人。魏督公司這種兩手策略看似完美，穩操勝算，不管你從哪個角度算，他都很划算，其實不然，逆風點火肯定惹火燒身，人算總不如天算，邪不勝正才是千古不變的硬道理，詳細演繹如下：

二〇〇九年六月五日魏督公司一舉驚人，向長沙市中院遞交一份《調查取證申請書》，內容自曝又將三套房子賣給第三人的事實，還附上三份房子買賣合約及雨花區人民法院判決書，其目的在申請長沙市中院調查該第三人實際佔有使用該三套房子的情形，企圖阻止法院做出交房給我公司的判決。魏督公司主動掀開自己的髒屁股，將密謀的不法行為公諸於世，不怕坐牢，只怕拿不回房。毫無廉恥之心。尹老闆肯定著火入魔了，一步步將自己逼到死葫蘆裡，猶如一隻愛投機鑽營的小爬蟲鑽進灶火裡，不死也要燒層皮。

法網恢恢，疏而不漏，黑的就是黑的，難以永久漂白。從魏督公司提供的資料中可以拼湊出一張可怕的路線圖：

二〇〇六年十月二十四日、十月二十六日魏督公司分別與不同三人就我公司購買的三套房子簽立房屋買賣合約，分別約定有交房日期及辦證日期。

二〇〇七年十一月該三人同時向雨花區人民法院起訴，要求魏督公司依合約約定辦理產權證。

二〇〇七年十二月十二日判決准予辦證在案，雙方都未聘請律師，一審判決後雙方都未上訴。

二〇〇八年一月十五日雨花區人民法院在其申請之下，向長沙市房屋產權管理局核發《協助執行通知》，長沙市房屋產權管理局答覆恕難照辦，理由是我公司早在二〇〇三年九月八日就辦竣房子買賣合約備案登記。

魏督公司失之東隅後，企圖不惜後果收之桑榆。我公司在得到以上資訊及相關證據之後，向雨花區人民法院提出申訴，我公司要問：

一、我公司曾於二〇〇五年五月十八日向雨花區人民法院提起確認三套房子買賣合約有效及交房之訴，雨花區人民法院雖判決我公司敗訴，但二〇〇六年十二月七日二審改判有效（二〇〇六長中民一終字第 0086 號），而第三人是在二〇〇九年十一月才向雨花區人民法院就同一房屋提起辦理產權證之訴，同為兩案的一審法院的雨花區人民法院，為何又會將產權判給第三人？（二〇〇七雨民初字第 2517 號），是偶然還是必然？

二、雨花區人民法院在後案開庭時為何漏將我公司列為第三人並傳喚到庭說明，或詢問魏督公司有關前案中院判決情形，是疏漏還是原漏？

三、為何後案如此速審速結？從二〇〇七年十一月受理到二〇〇七年十二月十二日判決才一個月時間，這期間要完成立案、通知、舉證、審理、書寫判決書等程序，為何我公司訴請魏督公司給付服務費案，雨花區人民法院卻以「前案尚在上訴中」為由而裁定中止訴訟？（二〇〇八雨民初字第2743之1號），是特例還是常態？這是一份效率衝到天花板上而品質摔在地板下的偽善判決，我們多麼樂見擁有高品質、高效率的判決，我們將精神愉悅為之擊掌高歌，可惜它是稀缺資源難得發現。

四、三個買方為何同時起訴且並案審理？為何一致性沒有找律師代理？是個人自由還是精心設計？

五、為何三個買方一致性只要求辦理產權證而不要求交房，三套房子中有兩套連內牆都沒上漆，裡面堆滿垃圾，顯然訴請辦證是幌子，企圖轉賣是目的。

六、其中有一套房子在二〇〇九年五月被轉租出去，我公司派人趕走房客，房客當場要求房東出面處理，但房東就是不露臉，假房東真人頭。

七、魏督公司與我公司打官司，遍請長沙紅頂律師，唯獨與這三位買方的訴訟改委託物業管理部經理代理，他正是帶頭聚眾毆打我公司同事的打手，他懂幾兩法律，大家心知肚明，顯然這場官司就是一場戲。

八、一審判決之後雙方都未上訴，魏督公司與我公司打官司輸了必定上訴，再輸必定抗訴，是個頑強份子，為何碰到該第三人就一輸認到底？

九、他們的訴訟不用先確認合約有效，受理費只繳二十五元，而我公司的訴訟必須先確認合約有效，受理費卻要多繳一萬元，同樣請求不一樣收費，儼然形成一撮可怕的利益團夥。

以上九疑點，點點揷進不法利益團夥的詭計裡。雨花區人民法院接受我公司申訴後理應立即撤銷後案的判決，這是嚴肅程序問題，而程序優於實體是訴訟法的根本原則，但該法院竟稱要等中院的再審判決後再做決定，這是放火燒森林不顧根本的做法。

有些人時常吞雲吐霧強迫周遭的人吸二手菸，這叫「菸草暴力」。雨花區人民法院的一屋兩判不就是司法暴力嗎？如何與司法正義零距離接觸，讓當事人感受溫暖的大千世界，正是曾經獲得大陸優秀基層法院稱號的長沙市雨花區人民法院的嚴肅課題。

「大簷帽，兩頭翹，吃了原告吃被告」，這句大陸人耳熟能詳的民謠生之已久，傳之已廣，只要用「吃了原告吃被告」在網路上搜索一下，就可以管中窺豹，略見一斑。以前人們只是痛恨一些法庭的潛規則，還沒有鬧出大事來，如今已有訴訟當事人以自焚來反抗，以生命來控訴，徹底解決司法腐敗已經刻不容緩，還有什麼比生命的代價更大？我從事法務工作凡二十載，並未親眼目睹兩頭吃的難看吃相，唯對硬啃一頭，連骨帶髓吞入的，可司空見慣了。

以前走進雨花區人民法院感慨萬千，大門中央立了一塊石碑，寫著「全國優秀基層法院」，優不優秀誰說了算？為何先前纏繞我公司身上的數個官司都判得極不優秀？但該院的執行局在梁平院長及聶局長領軍之下還是值得稱讚的（詳見後文），或許是執行局的傲然挺立績效為雨花區人民法院贏取如此殊榮吧！當筆者向劉建軍院長多次殷勤投訴後，審判品質接連獲得眼前一亮的改善。

宋朝詞人晏殊在《踏莎行》寫道：「春風不解（懂）禁楊花，濛濛亂撲行人面」，今日大陸某些地區在肅貪整風中，何嘗不是「肅風不懂禁違紀，敗風亂撲百姓面」。雨花區人民法院將一屋判給兩個人的重大錯誤判決，猶如將一個媳婦判給兩個人，為我公司日後的強制執行交房埋下了雙方過激衝突的隱患，也為日後的強制執行過戶登記種下官爺互踢皮球的種子，受苦的豈是違官，倒楣的只會是平民百姓。

【筆者應訴之失，提供改進之道】

一、本案審理進行中，我公司業務正在忙碌著，一天二十四小時真是不夠用，因此，本案放手律師獨戰，結果輸得比拿破崙慘敗滑鐵盧還要慘。

二、建議台商朋友們，在大陸打官司別過於信任大陸律師那張嘴（不過，優者猶在，只是相對稀缺罷了），過去，商界前輩再三告誡晚輩「三本」之道，即「本人、本事、本錢」，小微型台商企業在大陸打官司更應奉「三本」為最高指導原則。

第四節　上級院長的表態

（本節涉及上級法院院長提早干預案情，儼然二審已經悄悄開打。）

二〇〇六年，我公司承接了一個別墅的包銷專案。賣別墅與賣公寓的場景是截然不同的，對售樓員的要求也跟著提高一個層次，要懂一點市場經濟，碰上「煤」老闆，要能跟他說媒（煤）；碰上「股哥」，要能談些古（股）經，要關注八大理財種類（新發股票、證券基金、金邊國債、企業債券、房產投資、黃金投資、分紅保險、古玩收藏），要能識別名車名錶、名貴服飾。正由於我公司擁有高效的行銷團隊，這個專案的銷售超乎預期，但銷售過程中因開發商替人作保而遭債權人查封大部分別墅，這對包銷商而言是個致命衝擊，廣告投放面臨兩難抉擇，老客戶會不會掀起退房潮，新客戶是否聞風卻步？我公司是勇往直前還是急流勇退？面對突如其來的困境，我公司發函給開發商要求協商解決，開發商竟然惱羞成怒，回函解除合約。

大陸許多開發商簽立合約時很感性，解除合約時很隨性，以為合約就是一張紙，不要時就扔，合約是約束不懂套路的人，只要懂得套路，合約怎麼簽都不會被套住。前面章節說過，大陸的「法」字就被解釋為走水路去法院，而不走陽光大道。聽開發商在解讀「法」意，可謂妙語如珠，講的眉開眼笑，他們的燦爛笑容正是他們玩弄法律的碩果表現，他們對法院的自信，間接展現出頑強的處事風格。

本案依合約約定雙方若有一方無故解除合約必須賠償對方人民幣五十萬元違約金，並支付預期利益；若遲延給付服務費要按每萬元每日壹拾元計算違約金，但在大陸很多開發商的字典裡都沒有「違約金」三個字。我公司已投下鉅資春播夏耕，現在正是秋收冬藏的時候，豈可說撤就撤。

雙方多次協商無效，我公司遂向長沙市開福區人民法院提起訴訟。在審理過程中，開發商寫了一份陳情書給長沙市中級人民法院賀院長，內容黑白不分是非顛倒，賀院長（已退休）在其陳情書上署名批字，內容是：請開福區人民法院圓院長親自審閱此案，慎處。字裡行間倒沒有什麼大礙，但在大陸官場上這叫「立場表態」，我公司與賀院長並無過結，純粹是開發商老闆與賀院長的交情在作梗，下級法院院長收到批示後自然點滴在心頭，案子還在一審，二審就插手，案子上了二審豈不自投羅網，成為任其宰割的羔羊?!我公司老闆唯恐錯判形勢，小心翼翼請教識途老馬解圍之道，得出一個結論：想翻身先翻臉——投訴，想在中院突破重圍，就得先向人大內司委、黨委政法委領導投訴，促其主動避嫌，果然，投訴一時見效，一審判決出爐了。

我公司對判決結果雖不滿意，但還能接受。此時，開發商不慌不忙、氣定神凝地提起上訴，我公司基於訴訟策略考慮，也得跟著繳費，奉陪上訴。進入二審才是走進暴風圈內，據我公司揣測，二審改判應屬必然，懸念出在改判幅度的大小，我公司也做了內部沙盤推演，結果是新鮮出爐，跌破老人眼鏡。

燕雀安知鴻鵠之志，我們一介平民豈能洞悉大陸領導的前瞻思路，二審謀定而後動，裁定發回重審，就像火燒紅蓮寺——廟災（妙哉），令人折服，將麻煩丟給麻煩製造者，自身不惹麻煩，果然下了一盤絕妙好棋。

發回一審重審後，一審遼庭長親審此案。在別人眼裡這是燙手山芋，在遼庭長眼裡這是謹身媚上的好機會，四個月左右重審判決出爐了，將原先的微利判決改頭換面變成不利判決。古人說：民不與官鬥。賀院長此招果然靈驗，火車果然出軌「翻了」，重審判決刪掉全部違約金，還將本屬我公司所有的人民幣十七萬元銀行存款判歸開發商。遼庭長太狠了，顯然不知世間正義為何物，將我公司再逼入火線中，我公司除了再入暴風圈別無他路。

此時，關外飛來資訊，賀院長退休了，原因非關投訴，而是年限已屆，功成身退。上訴後不久，新院長走馬上任了，新人新氣象，二審也做了部分改判，將本屬我公司所有的人民幣十七萬元銀行存款判還我公司，違約金部分仍像棉花店裡失火——「免彈（談）」。

【筆者應訴之失，提供改進之道】

一、當筆者得知一審空中飄來上級院長的指示時，隨即對其展開投訴，一時收到嚇阻效果。一審判決差強人意，可是進入二審時，應該就像羊入虎口了，二審做了發回重審的裁定，其中奧妙讓筆者一時為之茅塞頓開，突感增長了不少知識，上級院長果然厲害，這招絕妙無比，讓人驚嘆看傻，最後將球踢回給一審這個麻煩製造者。果然一切盡在其掌握之中，一審法院自行調整改判決了。

二、建議台商朋友們，在訴訟過程中，不要貿然投訴法院庭長、副院長、院長等大領導，否則後果相當嚴重，如湖南省高級人民法院某副院長被一家具有台資背景的陸企投訴後，幾個台商在該院的民事訴訟中接二連三慘遭莫名的挫敗，切記！慎處。但若握有合議庭的小把柄，則進行投訴無妨，這就叫官大壓死人、官小被壓死。

第五節　財產保全也不安全

（本節涉及財產保全過程的詭異多變，若不申請財產保全，難保將來只贏一張紙（判決書），若申請財產保全，也可能落得兩頭啃。台商朋友們，要轉動財產保全的起子時，要先檢查本訴的螺絲是否栓緊。）

時下很多廠房有機械保全工、銀行有資產保全員、住宅有社區保安員、法院有財產保全制度，稅務機關也有稅收保全措施，這是經濟發展的必然產物。人類富裕之後各種保全方式勢必日異月新的冒出，以填補人類心靈上的恐懼與不安，但別以為套上「保全」兩字就保證安全，其實保全也不見得安全。

二〇〇七年初，我公司在向長沙市開福區人民法院訴請給付服務費及違約金之前，便先依法實施訴前財產保全（在台灣稱為假扣押），申請書寫著：

「我公司願供擔保，請求查封×公司所有常愛豪園別墅價值在人民幣一百五十萬元範圍內的房屋。」

我公司並未具體提供哪些房號做為財產線索，也限定了查封標的為常愛豪園的房屋，承辦法官自行前往查封五套別墅。不久後，開發商以該五套別墅已經銷售為由，申請更換為另外的十二套連排別墅，後來開發商以同樣理由又申請更換為銀行存款人民幣一百五十萬元，以上兩次更換查封物均未告知我公司，屬法官職權行為。

二〇〇九年六月份，長沙中級人民法院對服務費及違約金案做出終審判決，僅判決開發商應給付我公司廣告費人民幣四十萬元，這就留給開發商請求因財產保全過當的經濟損失的夢想。果然被我料到，就如孔明料到曹操會走華容道，二〇〇九年八月開發商採取兩項措施：

1、提起損害賠償之訴，請求我公司賠償經濟損失人民幣六十七萬元。

2、匯人民幣四十萬元到開福區非稅收入管理局帳戶內，做為清償我公司廣告費之用，並領走前遭凍結的人民幣一百五十萬元。

關於損害賠償之訴，一審判決開發商敗訴，我公司不用負擔任何賠償，主要理由有三：

1、常愛豪園整體專案共連帶抵押貸款了人民幣三千二百萬元，實際僅查封五套別墅，價值僅約人民幣六百萬元，故查封價值總額顯然沒有過高。

2、二次更換查封物均為開發商自願並主動申請，自應自行承擔後果，我公司未獲通知，未表示意見，故無過錯。

3、我公司訴請給付人民幣一百五十萬元服務費及違約金，依雙方所簽合約內容觀之，是屬客觀有據，法院不論雙方違約的輕重責任，判決雙方各有違約，在責任相抵後互不相找，這種違法的判決結果非我公司所能預見，我公司沒有主觀過錯。

長沙市開福區人民法院主審法官李健科、庭長解剛明察秋毫，見解獨到，敢於承受萬般壓力，值得肯定讚揚。開發商接著提起上訴，長沙市中級人民法院受理後完成一次聽證程序，主審法官王中琦於二〇一〇年六月改判我公司應賠償人民幣六萬七千元損失，主要理由是：只要有財產保全金額過高的事實，申請人就必有主觀上的故意或過失，因此造成對方的經濟損失，應負賠償責任。

財產保全顧名思義就是查封或凍結債務人的財產以保障將來的生效判決得以執行，當然，與權利相對應的是責任，即萬一將來發生確定債權金額少於查封或凍結的保全金額時，申請財產保全人應承擔對方因此遭受的經濟損失。有權有責，合情合理，唯若判決結果顯然並非申請人所能預知，即沒有主觀過錯，該不該承擔賠償責任？或保全行為既有當事人的意志，又有法院的職權行為時，而造成對方受有損害是因法院的職權行為所致，那麼，該誰來承擔責任？被保全人申請更換保全物是否應經申請人同意？否則，因此造成損害該誰承擔賠償責任？申請人限定了保全標的物，法院可否依職權更換執行標的物？

以本案為例，就上述問題闡述如下：

一、我公司與開發商的包銷合約中，約定若有一方中途解除合約須罰違約金人民幣五十萬元並須支付預期利益，長沙市中級人民法院判決認定開發商有中途解除合約的違約行為，卻信口指責我公司有延遲七天開立共管帳戶的違約行為，故違約責任相互抵銷，造成判決結果債權金額少於保全金額。

縱使延遲七天開立共管帳戶是我公司的違約行為，合約中既無違約金約定又無造成對方實質損害發生，豈可與無故解除合約的重大違約責任相互抵銷。這種判決結果除了上帝預先知道外，當事人是無從窺知的，故申請財產保全是否存在主觀過錯？不可單純僅從生效判決債權金額是否少於保全金額來論斷，我公司卻因此被判決承擔人民幣六萬七千元的經濟損失，財產保全真的一點也不安全。

二、我公司申請財產保全時，限定查封標的為常愛豪園的房屋，這是我公司意志所及，但法院在中途擅自同意開發商變更為銀行存款，這應屬法院職權行為，但王中琦主審法官知情而仍判決我公司應賠償開發商的利息損失，當事人只承擔責任，法院只享受權力，財產保全到底在保障誰的安全？

關於開發商先領走凍結款的問題：

開發商想領回被凍結的人民幣一百五十萬元，依大陸法律規定應先清償我公司債務即人民幣四十萬元，但開發商既無通知我公司取款，亦無以我公司為受領人辦理提存手續，而是將人民幣四十萬元匯入長沙市開福區非稅收入管理局帳戶內，且據此向開福區人民法院申請解除凍結，並獲得遼庭長的同意而逕自領走。我公司得知凍結款被領走後，向開福區人民法院申請領取該筆存款人民幣四十萬元時，該法院以開福區非稅收入管理局帳戶非法院專用帳戶為由拒絕領取，而該管理局帳戶管理人也以我公司並非匯款人拒絕領取，財產保全配套機制一團混亂。

【筆者應訴之失，提供改進之道】

一、我公司認為開發商的違約行為十分顯著，起訴要回服務費另加違約金乃天經地義之理，無可諱言賣房是開發商理所當然的神聖事業，令人擔擾的是房子被賣完了，官司還沒打完，將來怎麼執行？我公司不得已向法院申請對開發商實施財產保全，不幸的是違約金的請求沒有獲得二審法院支持，結果造成財產保全範圍過量的不利局面，幸好雙方達成和解才不至承擔賠償責任。

二、提醒台商朋友們，當法官想狠狠修理你一頓時，就會利用你申請財產保全時，先判決賜你本訴敗訴，再判決命你賠償保全過當造成的損失，一頭牛被同時剝兩層皮，縱使不死也會賠上半條命。筆者認為，保全範圍別做太滿，畢竟這裡是屬人治社會而非法治社會，留點周旋餘地，以策安全，或者選擇不易受到損害的財產做為保全標的。

第十四章 別以為大陸法院終審一定終結

終審不終，總要留點遺憾的尾巴，對也糾，錯也糾，一陣亂糾。

本章癥結點：

一、本章諸多判決書的論證用法確實失之草率，判決理由自相矛盾的，有之；計算顯然錯誤的，有之；不敢適用法條的，有之；亂套法條的，有之；這檔事為何多年來層出不窮，屢見不鮮？因為我公司先天條件沒有開發商好，案件才進窗口，敗訴已成定局，開發商早已

安排領導交辦，這種倒果為因的判決、理由只得瞎掰，錯誤的行跡必斑斑留下。

二、為了維護社會穩定，為了保護地方利益，對的判決也一樣列隊被糾錯。

在大陸打官司，千萬別以為上級法院公正些，筆者未進北京最高人民法院大門前，對它滿懷憧憬，正義對北京而言應非什麼稀珍之物，這裡永不缺乏，可是，到過北京才知道，北京、南京都一樣，考慮事情的角度如出一轍，社會維穩佔首要，地方保護排次要，公平正義也重要，越是上級似乎越明顯。

三、兩可之間給大陸法官製造了無限空間。

我公司專門從事房地產包銷業務，這個專案我公司已收了幾百件訂金，開發商都依約與下訂方簽了買賣合約，後來開發商突然發來要調價百分之三十的違反約定的通知書，但開發商私下仍按照原價，甚至更低的價格銷售，我公司握有實據，所以堅持依約定辦事，斷然予以拒絕無理漲價的要求，開發商遂拒絕與我公司收訂的客戶簽買賣合約。客戶告上法院，一、二審都判決開發商承擔賠償責任，但進入湖南省高級人民法院再審後，有兩件改判為開發商與我公司各賠償訂金的二分之一給買方。有一件改判全由我公司負賠償責任，另有一件改判開發商與我公司均不須承擔賠償責任，這就是可左可右的自由心證權被濫用的最佳案例。

四、本章氾濫成河的黑招呼。

大陸最高人民法院常務副院長沈德詠於二〇一三年五月六日在《人民法院報》撰文稱：「法官故意製造冤案錯案是極為罕見的，在我國現實情況下，冤假錯案往往是奉命行事，放棄原則或者是工作馬虎失職的結果。」是的，奉命行事是冤假錯案的頭號敵人，但法官索賄受賄＋放棄原則＋過失馬虎，其殺傷力仍不可小覷。

五、公然程序違法，實體正義豈能安在？

湖南省高級人民法院屢屢程序不公，首先，硬是選在台灣總統選舉即春節返鄉期間開庭，我公司因未收到通知而缺席到庭，隔天發現後立即書面申請節後再次開庭，不獲支持，最後就在一造辯論的情況下採缺席判決方式終結此案，當然判決結果隨之背離正義。

無獨有偶，在我公司依二審判決意旨向湖南省長沙市住建委產權處辦理房產過戶之際，湖南省高級人民法院靜悄悄地暗中做出第二次再審裁定，並由開發商火速送往長沙住建委產權處，在關鍵時刻停止了我公司的過戶手續，這次的再審立案裁定既未舉辦聽證，也未書面通知我公司應訴，顯然與常態程序有別。為何獨厚魏督公司？離譜！

還有，開發商魏督公司服務費案不服二審判決，在二〇一二年四月十二日就具狀向湖南省高級人民法院申請再審，但該法院竟拖到十二月初才通知我公司應訴，這不是一件簡單的工作馬虎事件，又是一樁可怕的司法陰謀。依大陸民事訴訟法（舊）第一百八十四條規定「當事人申請再審，應當在判決、裁定發生法律效力後兩年內提出」，這麼一拖就拖過了兩年的法定再審期限（二〇一二年新修正的大陸民事訴訟法第二百零五條已將兩年縮短為六個月），我公司想同時申請再審的機會已被澆滅了。

六、辦張房屋產權證竟被十面埋伏。

我公司按二審法院的確定判決向湖南省長沙市往建委辦理產權過戶，首先出現一隻攔路虎，就是住建委交易所法務科，這段路看似水泥路卻步履蹣跚的走了一個月；接著殺出一個程咬金，就是物業維修資金管理中心，光是單純的現金繳納「物業維修資金」就折騰了二十餘天；又接著長板橋上遇上了張飛，那就是產權處法務科，在此又停置不前原地繞了兩個月，這一路刁難折騰的總策劃師當然就是開發商，目的都是在等待東風的到來，那就是等待湖南省高級人民法院那張不經應訴通知程序且不經聽證程序就完成書面審查程序而做出的再審立案裁定書。果然，湖南省高院來個即時無縫配合，我公司未來得及完成過戶手續，就被該張要命的裁定書給中止了。

七、本案主審法官奉某領導的指示，錯將辦了預告登記的三套房屋買賣合約判決解除，而讓惡意一屋兩賣的假買主鵲巢鳩佔。

湖南省高級人民法院審監二庭周法官明知解除合約通知書未經質證，也查清該三套房子已實際經執行法院強制執行交房給我公司，我公司並依法辦理了預告登記，完納了契稅，房款也已全部繳清，仍在某領導的野蠻指示下，撤底翻盤，判決解除三套房子買賣合約。筆者頓時惶然，高院裡儼然就是一個屠宰場。

八、被斷水斷電了一整年，筆者竟只能仰天長嘯，求助無門。

小小物業服務公司，手上權力可不小，對業主任意斷水斷電，且暗助邪惡團夥半夜衝撞破壞門鎖，與黑惡勢力沒有本質上的差別。我公司共報警三十餘次，候家塘派出所竟以事涉司法訴訟為由拒絕介入處理，候家塘街道辦某副主任也以事涉民事糾紛而不予處理，就這樣被斷水斷電了一整年。

第一節　總要留點遺憾的尾巴

（本節涉及大陸局部法官將判決書寫成調解書，處處給人留下再審藉口的經典過程。）

尾巴，本是鳥、獸、蟲、魚等動物生來就有之物，人無尾巴，否則人猴不分。在司法審判裡也不該長上司法尾巴，否則就會長出司法怪獸來。

看完《紅樓夢》，給人留下了一點回味時的酸澀和惆悵，它因曹雪芹未完稿先離世反而讓結局更加豐富了想像，就像中國國畫裡的留白。但是，本來能圓滿的事，若要故意留點尾巴，那就是留下遺憾。當事人可以淡泊一點，平和一點，慾望減少一點，但法院必須依法據理審判，正義面前不讓寸分。

前面提過長沙仲裁委三裁不行的波瀾不驚過程，轉捩點都在長沙市中級人民法院，雖然接連兩次發回重裁的裁定結果距離完全正義尚有幾步之遙，但終究不遠。比起長沙仲裁委的膽大包天還是值得肯定嘉許，我相信長沙市中級人民法院的裁判品質很快的能與南京市中級人民法院並駕齊驅。

我公司對雨花區人民法院判決三套房子買賣合約無效的結果十分憤怒與痛心。上訴之後，獲得長沙市中級人民法院改判，判決結果歸納為兩點：

1、撤銷雨花區人民法院的判決。

2、魏督公司在我公司付完購房款後十日內交房。

該判決以雙方的服務費之爭尚在仲裁中為由而認定雙方的違約金請求依據均不足，至於我公司有多少服務費，是否足夠支付房屋款則需等仲裁裁決後才能定論，顯然留了一點尾巴未明確判決，所以交房問題便暫時擱置，靜待仲裁裁決出爐才見分曉。

後來，仲裁結果服務費高於購房尾款，我公司便以有新證據為由向長沙市中院立案庭申請再審立案。經過八個月的漫長審理，開過兩次聽證會，最後裁定准予立案再審。

而魏督公司也不服長沙市中院的判決，向湖南省人民檢察院提出抗訴申請，湖南省高檢在未通知雙方召開聽證會情況下也做出抗訴裁定，在審理程序上顯然沒有長沙市中院來得嚴謹。一個案子經中級人民法院終局判決後同時被省高檢裁定「抗訴成立」及中院裁定「立案再審」的，在大陸司法實踐中亦屬罕見。

從合約約定交房日期二〇〇三年十二月三十日至今已近十年了，世事萬變，房東變成房客，賺錢變成虧錢，前後共發近三百封投訴函，有時石沉大海，猶如孤兒嚎天，無助！有時雖激起一陣浪花，卻又瞬間浪靜。我贏二審他贏再審，然後又一次再啟再審，無奈！十年來不知從房下穿過多少回？回回望房興嘆。試問，為何大陸開發商如此囂張跋扈？拒付服務費、拒絕交房、拒絕辦證、隨意解除合約等，他們憑什麼？哪來的熊心豹子膽？不都是某些權力機構使的壞，寧可讓社會資源閑置浪費關門餵蚊子也不願如期交房，且任由類似事件一件又一件出現。

眾昏之日必有稍醒之人，歷來的經驗告訴我們，長沙市中院對一審判決有時糾錯，有時糾對，有時略盡公義，有時不盡人意，總體而言差強人意，沒有南京市中院的剛正果決。判決中也喜歡留點尾巴，留點遺憾，總是要讓壞人好受點，總是認為壞人使壞會很壞，好人使壞壞不了，總認為好人容易滿足，容易妥協，所以判決書講的往往不全然是正義真理，而有相當思量在遷就假平衡、假和諧，沒有除暴安良、向風慕義的意志。

殊不知縱容壞人壞的更壞，壞人越多案越多，房地產開發商雖然能對地方經濟發展投下燃燒彈，使經濟得以高燒不退，但也炸開了不少流彈，使社會亂象聚生，司法糾紛增色不少，同時還為將來埋藏了一顆深水炸彈。諸如樓歪歪、樓裂裂、樓懸懸、樓脆脆等問題樓宇的樓式兄弟如雨後春筍般冒出，終歸究底就是違約成本過低，業主起訴後開發商受到的違約罰責太輕，甚至為零。

雖說大陸之大不能一概而論，但問題樓宇也絕不是少數個案。我公司另有件案情幾近相同的請求給付服務費案件，我公司老闆單獨隻身應訴，沒有委任律師代理，經南京仲裁委裁決開發商應按合約約定給付違約金，接著南京市中級人民法院裁定駁回開發商的撤銷申請，前後只花了一點時間，多麼乾淨俐落，不徇私情，不偏不移，浩氣凜然。同樣是中國，但千萬別對沿海地區與中部地區等量視之，中部想崛起，司法正義先樹起，「招商重要，穩商更重要」、「會招人不如會留人」。

大陸民事訴訟程序是採二審定讞，但二審判決之後千萬別高興太早或傷心欲絕，因二審判決也喜歡留下遺憾的尾巴，留下一絲再審契機。再審機器是否能啟動，關鍵在三個層面的盤纏角力結果，即公理、關係與對手，尤其對手強弱攸關重要，碰上對手是紅頂商人，公理往往擺一邊，若被啟動再審引擎則強制執行程序亦將隨即中止。而再審程序可一審再審，次數不封頂，有錢有閒的人玩上七、八次不是夢，對沒錢沒勢的人而言，「按下葫蘆起來瓢」的滋味將隨時伴著你，這就是外行看熱鬧，內行看門道。

大陸司法界就有「終局不終」的辭彙，身體欠安的人別到大陸中部地區打官司，否則人走了還帶不走清靜。打贏官司還得執行，想打贏官司很難，想執行更難，為什麼有些台商到大陸來，一來就無法再回台，不是樂不思「台」，實在是傷痕累累沒面子回台。

訟路困苦思欲休，試問法人家？

切語！終審不終見不鮮。

我公司在長沙市買了三套房子，付錢完全依約行事，半點不敢馬虎，契稅亦早落大陸國庫中，房屋買賣合約的備案登記更是即時照辦，卻打了九年官司見不到終點，被困高高的訴訟天路上，很想休兵止戰，唯樹欲靜而風不止。湖南省人大內司委硬是幫開發商魏督公司撐腰到底，屢屢插手湖南省高院審判。

去問問對大陸法律有研究的內地專家，都說雖已終審定讞卻再審又審無法終結的案例屢見不鮮，有理總被無理惱。在此奉勸大陸台商朋友們，身體欠安微恙的萬萬別打官司，否則，出師未捷身先死，將使新台（後面登陸的台商）淚滿襟。

【筆者應訴之失，提供改進之道】

一、筆者是個追求完美主義者，常常不勝其煩寫寫補充理由狀、補充答辯狀，目的只希望能講的夠清楚，說的夠明白，最後我發現當法官心意已決時，寫多了既不環保也不低碳，因為有些法官根本不在乎留下讓人謾罵的尾巴。

二、建議台商朋友們，看了噁心的判決書別激動作嘔，相反，如果有份判決書過多保護了你的利益，也別興奮過早，過度保護一方的判決書必給人留下充分上訴（或再審）的理由，另一場戰事亦將重新點燃，簡言之，關係別用的過猛。

第二節 對也糾，錯也糾，一陣亂糾

（本節涉及房地產仲介業、代銷業與開發商之間的合作矛盾問題，及有錯必糾的原則被有些人攪成對錯亂糾局面的噁心過程。）

同為大陸法系，同屬中華文化，大陸再審的一套機制與台灣再審制度卻迥然不同。在大陸是歸屬審判監督程序，即法定的機關和公職人員（如法院院長），基於法律賦予的審判監督權，對有錯誤的已經發生法律效力的裁判，得在當事人申請或院長自己發現錯誤的情況下提起再行審理。因為審判監督程序是以審判監督權為基礎的，因此，對提起再審的條件和理由比台灣的再審機制寬鬆許多，在大陸許多地區的法院再審改判率相當高，且令人摸不著頭緒，即寬進寬出。

台灣是基於當事人訴權的再審，即當事人不服已經生效的裁判，向再審法院提起再審之訴，再審法院對案件再行審理。台灣對再審的條件和理由、再審的範圍以及提起再審的期限都做了具體的規定，提起再審申請必會受理並進行審理，大門是敞開的，但再審條件則嚴謹許多，改判率極低，即寬進嚴出。

儘管再審程序是在極端例外的情況下來修正「不完善的程序正義」，但結果終歸是有效判決可能被再審法院推翻改判，已經結束的程序又反覆了一次，程序的安定性和經過訴訟程序所確定的既判力遭到了一定程度上的破壞；而程序的安定性是訴訟的基本價值之一，因此再審程序也不該過於頻繁使用。

大陸再審程序的特點簡單歸納有三點：

1、提起再審的主體必須是最高人民法院或上級人民法院，最高人民檢察院或上級人民檢察院或本院院長。

2、提起再審的客體是已經發生法律效力的第一審或第二審案件的判決或裁定。

3、提起再審的時間是判決或裁定生效以後兩年內（二〇一二年已經改為半年），審級制度和再審程序的關係是既對立又統一的。再審程序可以補救裁判錯誤，同時它也可能損害審級制度本身所負載的終局性價值。但二者均致力於維護司法正當性和司法統一性，因而可以相互平衡和協調。

《案情路線圖》

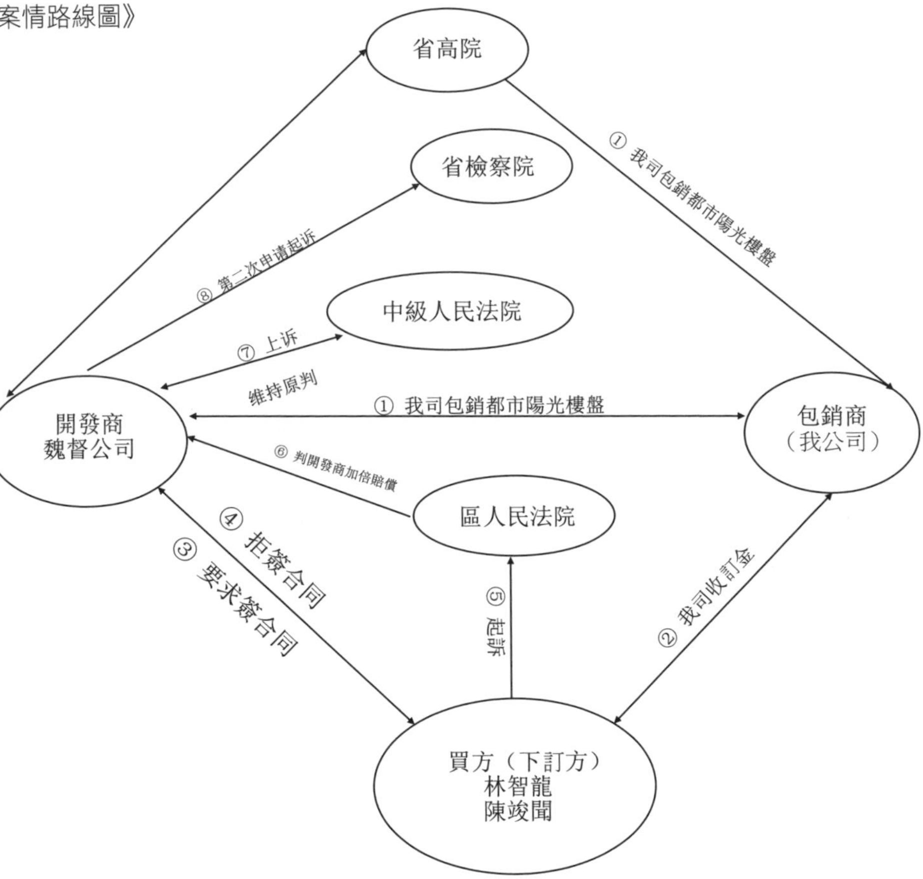

1、你看過這樣的判決書嗎？其實就像一份未經雙方同意的調解書。

話說二〇〇三年底，我公司包銷開發商魏督公司的都市陽光樓盤已近收官階段，卻發生了我公司收受訂金後魏督公司拒簽買賣合約的事，共有五件。其中四人劉坊、劉代明、林智龍、陳竣聞陸續起訴我公司與魏督公司連帶加倍返還訂金，一、二審判決結果均由魏督公司單獨承擔賣方加倍賠償責任，我公司僅是被授權人即代理人地位依法不承擔民事賠償責任，四案判決無一例外。魏督公司針對二審判決在先的劉坊、劉代明案申請抗訴，經湖南省高院裁定發回二審法院再審，依然維持原判，魏督公司緊接著對林智龍、陳竣聞案提起再審申請，經湖南省高院裁定自行提審，二〇一〇年五月判決出爐了，審判長曾堅果出現了不同法律觀點，判決由我公司負責返還訂金，加倍賠償部分由我公司與魏督公司各承擔一半。

《判決書內容》：

「造成本案糾紛的責任應由誰承擔的問題：本案雙方合約履行過程中，魏督公司多次發出調價通知，且提出欲終止銷售代理合約，銷售公司不同意調價，在雙方未充分協商一致的情況下，銷售公司仍與自已的員工簽訂認購書，並收取訂金，而魏督公司拒簽購房合約，造成本案糾紛，雙方均有一定責任，銷售公司承認收受訂金，且尚未交給魏督公司，故由銷售公司負責返還訂金，經濟損失部分，由銷售公司與魏督公司各承擔一半的賠償責任。」

《我要討個說法》：

這種理由顯然是把牛頭接到馬嘴上，不談法律法規有何約束？也不談合約內容有何約定？就憑法官的個人高調縱情而判決各打五十大板，哪裡像一份地方最高司法審判機構做出的判決書，簡直就是一份未經雙方同意的強制性調解書。

曾堅果審判長明知包銷合約中明文約定了下列四個內容：

1、任何一方不得隨意變更合約內容，且每戶底價表是合約附表屬合約一部分。

2、約定了銷售未達指標時我公司須承擔一定賠償責任。

3、我公司須投放不低於服務費百分之三十的廣告費。

4、我公司有權收受訂金。

卻將原一、二審判決由判對改為判錯，豈不錯也糾、對也糾、一陣亂糾。大陸最高人民法院三令五申對一些冤、假、錯案，要知冤予以昭雪，知假予以平反，知錯予以糾正，我們認為該維護的是那些正確的有效判決，絕對不維護錯誤的有效判決，但湖南省高級人民法院卻逆向行使，令人不解，這種再審判決若因此終審終結應是偶然，終審不終才是必然。法院儼然自己形成了一套凌駕法律之上的糾紛排解套路，往往判決理由依據的是一部沒有文字的法律，或乾脆只論情不談法，或來個抬理打法，讓人望法興嘆，望衙止步，表面上是在彰顯和諧社會，其實是個弱肉強食的司法土圍子（土匪的堡壘）。

入世後的中國民事審判試圖根治「終審不終」的沉屙，其病因不能只從字面的法律規定方面探尋，影響法律運行的訴訟觀念和法治生態等社會學因素同樣不可忽視。對「有錯必糾」和「以事實為根據」等原則有些「消化不良」，這才是程序不安定的病根。現行大陸民事審判監督程序的結構缺陷及其在社會生活中的運行失序，則是「終審不終」的表徵和併發。

市場化還是要和法治化有一定的結合，才能保證權力不攪和，市場不走偏，只有做好市場的法治化和決策監督的民主化，才能真正解決叢生的市場亂象，湖南的投資環境為何亂象叢生，正是市場化沒有與法治化結合的惡果。

魏督公司從林智龍案突破後食髓知味，又對劉坊、劉代明案再啟再審程序，企圖發揮到連瑣效應，拿錯的判決當對的判決立標杆，不幸的是接下來的糾對改判更是離奇，稀奇古怪的判決盡在湖南省高級人民法院。

索。

2、若有枉法判決博物館，這個判決必是珍品。

本案案情與上述陳竣聞案大致雷同，可是判決結果更是恐怖，適用法律錯誤成為司法暴力的繩索。

二○○三年底，當劉坊、劉代明、林智龍、陳竣聞相繼下訂金購買都市陽光樓盤，因開發商魏督公司拒簽房屋買賣合約，劉坊、劉代明率先於二○○四年起訴開發商魏督公司與我公司加倍賠償，一審判決開發商魏督公司單獨承擔加倍賠償責任，隨後林智龍、陳竣聞於二○○五年聞風而動也相繼起訴，林智龍案情已在上題有所詳加陳述，不再複贅。因事實清楚，證據十足，且依法有據，劉坊、劉代明案二審亦維持一審判決，開發商魏督公司仍不死心向湖南省人民檢察院提起抗訴申請（這種制度是大陸沿襲前蘇聯舊制至今，台灣司法沒有抗訴制度的設計），後經該檢察院同意抗訴後進入第一次再審程序（大陸民事再審次數沒有限制，有多達近十次者，且改判率相當高，高到觸頂），第一次再審判決依然維持二審判決，後來發生了林智龍、陳竣聞加倍返還訂金案經湖南省高院再審改判，因此，原本塵埃落定的劉坊案迅速再起波濤大浪，開發商魏督公司又於二○一一年對劉坊、劉代明案向湖南省高級人民法院提起再審申請，此時，我公司因經不起長期被困司法泥沼而申請停業已有三年，實際地址已變更，故開庭通知送達不到，在我公司開庭缺席情況下進行開庭審理及單方辯論。

然而，開庭審理後三天我公司在湖南省高級人民法院立案大廳無意中查到本案案號，立即與主審法官馬東球聯繫，並於二〇一二年一月六日遞交請求春節過後再開庭申請書（因二〇一二年一月十四日是台灣總統大選，一月二十二日是農曆過年，我訂一月八日飛機回台），主審電話通知我一月七日再開庭，我告知今年台灣大選在即，機票已訂，僅給一天時間做開庭準備，另外，我還得準備回台年貨，及辦好年前雜事及準備訴訟資料、書寫狀紙。我是人不是神，雙手一個腦袋應付不過來，會大大影響我公司應訴準備，不利我公司維權，可是毛東球法官既沒說好也沒說不就掛上電話，我以為我公司請求春節過後再開庭的合理請求被接受了，我以為毛東球法官瞭解台商對總統選舉的重視，機票是改不得的，不幸的是過完春節不久判決書火速送達。

記得送達當晚我還與台商好友們在拜拜晚年，在續續春酒，自然帶回幾分酒意，坐在窗台前打開判決書一看，令我久久不能自語，此時只得卻下水晶簾、玲瓏望秋月，但願長醉不願醒，徹徹底底翻盤改判，比林智龍、陳竣聞案輸得更慘。我發現，促進兩岸人民感情等微言大義話語，在某些法官耳裡是發揮不了什麼共鳴的，此時我重重感受到——濤濤江流石會轉，遺恨衙門失正義。

《判決結果》劉坊劉代明案：

1.撤銷原再審判決、二審判塊、一審判決。

2.限我公司在收到判決之日起十日內返還訂金。

判決理由歸納有四點：

1.我公司與魏督公司之間在房屋銷售收取訂金上構成委託代理關係。

2.魏督公司有權利指示漲價百分之三十。

3.我公司沒有配合漲價屬超出委託人的授權。

4.我公司與劉坊有惡意串通損害第三人利益行為。

《我要討個說法》：

我公司收受劉坊購房訂金屬於履行與魏督公司所簽包銷合約行為，非屬於履行一般委託關係行為。依合約第二條約定「本合約有效期限內，雙經雙方協商一致，任何單方不得隨意變更或終止本合約」。而樓盤底價已經雙方確認列為合約附表，是不可單方隨意提價的。另依合約第八條約定我公司承擔了不得低於總服務費百分之三十的廣告費用；合約第三條約定我公司保證每月的最低銷售額，若未達指標每低一個百分點罰人民幣三萬元。試問在這種合作條件下，若開發商有權隨時漫天漲價，我公司會同意保證每月最低銷售指標並承擔一定賠償責任嗎？我公司會同意投放服務費百分之三十的高額廣告費嗎？會為其投入大量的前期策劃工作嗎？況且魏督公司事後自行銷售同房號給第三人化晶的銷售價格低於劉芳購買價格，魏督公司要求漲價是假，企圖假借漲價之名造成我公司銷售未能達標再追究違約責任是真。

故雙方既已全盤考慮自身的投入產出與權利義務，在不違反國家強制性與禁止性法規的前提下，湖南省高級人民法院應恪守民事意思自治原則來認事用法才是，卻在我公司未出庭辯論的情況下，做出與事實不符，適用法律錯誤的改判決定，法律不就赤裸裸的成為司法暴力的繩索嗎？人類的身軀雖然早已走出森林，但心靈卻仍喜愛叢林生存法則——弱肉強食，法官替神從事審判工作，本是天使代言人，不該淪為魔鬼的替身。

台商朋友們，別到大陸法院去探險。

【筆者應訴之失，提供改進之道】

一、先前兩件訂金賠償案被湘高院改判為開發商與我公司各承擔訂金的二分之一的賠償額時，筆者對接連而來的兩件同屬性賠償案已經失去了對公正判決的信心，因此也失去了戰鬥到底的拼勁，判決結果輸的更慘。法院審案沒有法理性、系統性、一致性，只有主審法官和主管領導的個人隨性，可悲呀！

二、建議台商朋友們，在大陸從事房地產仲介、代銷、包銷行業，若要與房地產開發商合作，務必慎之又慎，因為你的對手在當地的實力不但能使鬼推磨，甚至能使磨推鬼，若你不信邪，硬是想得，那麼，給你三個錦囊：

1、單純化合作，合作範圍別同時涉及過多類型，穩賺為先少作夢。

2、彪悍型的夥伴惹不起，不碰；拖拉型的夥伴傷不起，少碰。

3、找強不找弱，找資金實力強的，不找人脈盤結堅固的。

第三節 一點就靈光，白條抵萬貫

（本節涉及法官故意曲解外商投資限制目錄、違法強降已收服務費、領導亂批條子的骯髒過程。台商危機四伏！）

秦末時期兵荒馬亂，山東呂公有一天作壽，賀客盈門，縣吏蕭何立規：禮金逾千，堂上坐，禮金千下，坐堂下。

劉邦當時窮途潦倒，官位亭長，便信手取來白條寫著：劉邦賀禮一萬，直闖堂上手交蕭何，蕭何察其氣宇非凡，薦予呂公，呂公遂配女予劉邦，即後來的漢高祖髮妻皇后呂雉。

兩千年前劉邦立白條抵萬貫，當今領導的批示白條豈只數十倍於劉邦白條？

長沙市雨花區人民法院遲到的判決出爐後，二〇一〇年初，雙方相繼上訴，長沙中級人民法院審理過程中出現兩張領導的批示白條，其中一張來自省人大內司委（該委辦公室章主任與魏都公司尹老闆交情匪淺，故敢於跨級干預），另一張來自湖南省委常委，主審法官陽亞備感壓力，接連取證於省工商局外資處袁處長與省商務廳顧處長，目的在瞭解我公司營業專案合法性，省工商局外資處答覆：根據國家工商總局的相關規定，該公司當時申請變更經營範圍非國家限制和禁止的，無需商務廳審批，因此對其變更進行登記沒有錯誤，並提供一紙覆文給李亞法官。省商務廳顧處長也認為縱屬限制類專案也只是多一道審批程序而已，商務廳也都會准予審批。魏督公司吹了六年之久的合約無效氣泡終被遲來的一張紙戮破，今合約既立於有效基礎上，本案爭議焦點僅剩服務費計算問題，成交未結服務費的事證十分確鑿，猶如鐵板釘釘不容狡辯，一審法院認定魏督公司尚欠服務費人民幣五十三萬八千一百四十五元，二審法院亦予以支持，最後法院要惦量的是白條變白銀的問題，薄薄兩張紙可秤多少銀？算少了「紙」會氣，算多了過不去，大陸法院猶如巨人底下的侏儒，侏儒當然樂與巨人狂歡共舞，這也是大陸一道特色菜，來的人就會嚐到。

謎底終於揭曉，二〇一〇年底長沙中級人民法院做了終審判決，強制將我公司已收服務費與未收服務費捆綁在一起，大刀一鍘砍九折，盤點結果兩張白條值人民幣四十四萬三千三百元，司法維權過程中，我公司老闆一向寄希望於長沙市中級人民法院，過去、現在始終同調，雖然對這份殘缺的正義頗感失望，但這屬先天性殘缺，不飲恨、不斥責，現解剖關於給付服務費案二審判決，其主要內容只有一項：

《判決書內容》：

魏督公司支付人民幣九萬五千八百八十七元給我公司。

歸納其判決依據理由有四點：

1、合約性質定性為房屋委託代理銷售合約。

2、認為我公司按成交額抽取5%服務費，約定比例過高，應予酌減。

3、認定合約內容確實還對整個樓盤的專案策劃、行銷策劃、資訊諮詢等事宜進行約定，且約定了我公司在這方面的投入不得少於總服務費的百分之三十。

4、為維護交易穩定，兼顧公平原則，服務費的收取可在約定的百分之五的基礎上適當減少，全部按 4.5% 計算。

《我要討個說法》：

經專家論證這份判決就合約定性犯了根本上的錯誤，致使做出了酌減服務費的結果，說明如下：

二審法院既然認定合約內容還包括整個樓盤的專案策劃、行銷策劃、資訊諮詢及限定最低廣告投放的約定，那麼這份合約顯然包括了策劃服務性質及諮詢服務性質，學理上稱為類型結合的混合合約，或稱為無名合約，並非單純的委託代理銷售合約。不論大陸國務院或地方政府的物價部門並無出台針對此類混合合約的收費限制法令法規，故法院強制酌減服務費屬違法判決。

我公司老闆相信長沙中級人民法院的判決非出於自由意識，而受制於省人大內司委等的兩道符，一道先天符、一道後天符，兩符運力、一點靈光、法力無邊。或許畫符者也被蒙在鼓裡，替鬼畫符而不自知，成為一道鬼畫符，故隨性監督不可取，唯司法自主也不成熟，對法院監督與給法院自主孰輕孰重？如何協調並進？正考驗著大陸相關領導的睿智，本案雖然終審未必能終結，因為又現了再審的尾巴。

正義之舟將欲行，忽聞岸上拉弓聲；

法釋之牘高千尺，不及領導關注情。

大陸仍有部分法官富有正義感，也熟悉桌上層層疊疊的司法解釋，但領導電話聲一響，法官清楚來電領導的份量（諸如人大內司委領導、黨委政法委領導、紀委領導、組織部領導……），手中握的是何種法寶，如果是足以射掉烏沙帽的百步穿楊箭，那麼，這通電話聲聽起來就有點像拉弓聲，法官都會不自覺的豎立洗耳恭聽。此時，法官一點就靈光，天秤往往傾向領導這一方，將法釋高高翹在另一方。

【筆者應訴之失，提供改進之道】

一、開發商請來省一級兩位重要級領導越級干預長沙市中院審判案子，我公司律師獻給筆者一個「老莊無為」之策，意思是別在墳地上糾纏下去了，任它隨風飄盪吧！地方最高層級領導（省委常委）都站出來為邪惡勢力撐腰發話了，可怕的結果並不在長沙市中院的判決，令人悚然的還在後頭等著呢！就在地方最高司法山頭的湖南省高院。

二、建議台商朋友們，沒有一張好腸胃，就別老往不乾淨的餐館吃東西。依筆者拙知，在大陸中部六省打官司，水深難測，過程高潮迭起，吹起兩岸和諧的高調不管聽，地方至今仍然賄水洶湧。北京領導心急如焚，口號條條震耳欲聾，可悲的是，地方或在風口上稍歇克制，風頭過後依然醜態必露。

第四節　抗！抗！抗！抗訴為何物？

（本節涉及大陸司法的特產——民事抗訴制度。上級人民檢察院既將案子交辦下級來調查處分，卻又任意否決下級的處分決定，抗訴體制出現混亂的過程。）

回長沙又一個多星期了，半個月前例行性回了一趟台北，趁機帶家人逛逛花博會，真的美不勝收，美在會桃李之芳園，美在敘天倫之樂事。

現在心情平靜舒暢，獨坐窗前看人來人往，一群毫無關係的人，有走路的，騎車的，開車的，坐車的，我在想，他們現在心情如何？在想些什麼？不過我也想不出什麼名堂來，反正是無關嘛！有關係的人，在每個人的一生中，又有幾個呢？他們又將影響我們什麼呢？

話說到去年八月份我公司接到湖南省人民檢察院「民事行政檢察不抗訴決定書」，又是一件有關係的人在影響我們，在赤裸裸的踐踏司法：

前文提到「上級院長的表態」，該案在長沙市中院裁定發回重審後，一、二審判決都未支持我公司主張的違約金人民幣五十萬元，我公司遂向湖南省人民檢察院提起抗訴申請，該院在二〇一〇年一月下達《湖南省人民檢察院案件交辦通知書》，內容如下：

「二〇〇九年十二月十七日向我院提出的申訴，我院已於二〇一〇年一月八日交長沙市人民檢察院審查外理，請直接與其聯繫。」

長沙市人民檢察院於二〇一〇年三月十五日正式立案，經聽證程序後認定抗訴理由十分充分，便做出長檢民行檢抗（二〇一〇）第9號提請抗訴書，並上呈湖南省人民檢察院民行處，承辦員通知我公司單獨聽證，聽證時也認為抗訴理由充分，但湖南天氣始終變幻莫測，難以捉摸。二〇一〇年八月份我公司接到《湖南省人民檢察院民事行政檢察不抗訴決定書》，內容簡明扼要：

「經我院審查認為，本案不符合《中華人民共和國民事訴訟法》第一百八十七條第一款及第一百七十九條規定的抗訴條件，決定不予抗訴。」

《我要討個說法》：

我公司不解，湖南省人民檢察院既已交辦長沙市人民檢察院，何以推翻長沙市人民檢察院的提請抗訴決定，違反行政倫理，裡面或有文章，經我詢問檢察員，得到的資訊是「本案考慮的不完全是法律問題，是地方保護問題。」

大陸人民檢察院可以監督民事審判是一種獨特的檢察權體現，不見於英美法系及大陸法系，只見於前蘇聯的法制，這本是計畫經濟時代的產物，不過，二〇一二年新修正的民事訴訟法還加強了人民檢察院的民事監督權，其權源應溯及大陸憲法第一百二十九條「中華人民共和國檢察院是國家的法律監督機關」，大陸民事訴訟法第十四條「人民檢察院有權對民事審判活動實行法律監督」，另大陸民事訴訟法（新法）第二百零八～二百一十三條也對人民檢察院提起民事抗訴的情形、後果、抗訴書的製作、檢察員出庭做了具體規定。

大陸人對抗訴機制的運行十分熟諳，多數台商則尚不知抗訴為何物，筆者謹希望大陸人民檢察院能勿枉勿縱認真嚴謹的做好監督工作，才不失大陸人民之所托。

【筆者應訴之失，提供改進之道】

一、本案開發商違約中途解除包銷合約，長沙市中級人民法院雖然支持我公司的服務費請求，不過，關於請求違約金部分，卻高高舉起輕輕放下。我公司向湖南省人民檢察院提起「民事抗訴」申請，該院做出交辦下級人民檢察院的通知，長沙市人民檢察院經過一番詳查後做出提請抗訴的決定，此時，我公司犯了一個低級錯誤，明知開發商與省一級領導關係良好，卻忽略了省人民檢察院的動態，結果，煮熟的鴨子真的飛了。

二、建議台商朋友們，在大陸打官司一個環節也馬虎不得，也別誤認為贏了二審就可高枕無憂準備收網了，因為再審大門洞開是大陸司法制度的一大特色，鹹魚隨時都可能翻身，不過，人民檢察院的民事審判監督權每個個案只能提起一次，只要有一方提過，檢察監督大門即行關閉，須特別留意。

第五節　硝煙又起

（本節涉及大陸湘高院暗渡陳倉、長沙市住建委明修棧道的聯合圍剿，阻止台商辦理產權證的十面埋伏過程。）

話說在大陸的八年購屋遺恨，案經仲裁委員會三次仲裁，又經大陸人民法院一審、二審、再審，歷時八年，本想噩夢總算終結，但天不老，案難絕，法似雙絲網，中有千千結。開發商神不知鬼不覺極其輕易的兩次啟動再審，我們不禁要問法網千結誰編織？法網千結誰囹圄？有人說打官司是有錢人才能做的事，打官司是有關係的人才會喜歡做的事，我們平民百姓就算打得起官司，也磨不起時間，我們天真的想藉訟抒恨，到頭來往往落得吟訟生恨。

所以，還是真心奉勸台商朋友，在大陸住離法院遠一點，別問法院在何處！

我是在二〇一一年八月接到長沙市中級人民法院的第一次再審判決，雖有苦難言，但難言之苦尚能忍受，我公司最後無奈地按再審判決意旨付清了本不該支付的尾款，開始申請強制過戶及騰空交房的手續。

真是萬幸，這次雨花區人民法院接到我公司申請書後，展現了難得一見的雷霆風行，動用十餘法警，三次強力驅除挑釁者的前仆後繼，令人眼睛一亮。這才是真正大陸特色執法面貌，久違的三套房子終於騰空投入主人懷抱，交房大功告成。唯別高興的太早，大陸民間有句老話「在這裡沒有不可能發生的事」，真是一語中的。

本執行案一波雖平兩波隨之又起：

其一，交房之後卻又遭物業管理公司斷水斷電，該行為的侵權違法性當然不在話下，可是看似事小，維權起來卻又屢屢投訴無門；其二，長沙市住建委交易所及產權處在配合人民法院辦理強制過戶上顯然借了不少時間給開發商，原本十五天應該完成的登記期間卻拖了兩個多月，原本兩三個工作天就能完納物業維修資金卻上報討論了二十天才通知繳納，原本應立即受理法院執行局的協助執行卻踢了一個月的皮球，該住建委樹起三道銅牆鐵壁拖我過戶戰線達四個月之久。

這個城市還剛剛入圍大陸文明城市之列，其實文不文明不住不知道，住了才知道，在大陸有很多機關手中只要握有一兩權力，足以使出兩斤的勁力，因為權力不用，逾期作廢，這是大陸民間的一句流行語。

總之，這次市住建局的放大權力本領讓人百聞不如一見，細節不加贅述，凡你今天能想到的駁斥理由他應有盡有，凡你想不到的歪理，他仍然能無中生有。眼看產權登記就要落下帷幕，突然湖南省高級人民法院漂來一道符（第二次再審的立案裁定書），明眼人就知道即將停止產權登記的執行，簡言之，我公司苦等八年的產權登記又被無情的殘忍摧折，開發商利用市住建委明修棧道，再利用法院暗渡陳倉的連環詭計再次搶灘得逞，市住建委眾目睽睽毫不遮掩地幫了開發商個人忙，權力赤裸裸地淪為有錢人的工具，真讓人不得不信邪，有錢真的能使鬼推磨呀！

這時我想起唐朝詩仙李白的《早發白帝城》：「兩岸猿聲啼不住、輕舟已過萬重山」，令我雙眼淚痕濕，卻又不知該恨誰。但令人傷痛的何止於此，更玄的還在於湖南省高級人民法院靜悄悄無聲無影地下了第二次申訴再審立案裁定書，整個審理過程是神不知鬼不覺地秘密書面審理進行，且立案速度之快猶如千里馬顛奔般的飛躍前進。

近日我潛查發現替開發商代理申訴的德×律師事務所長沙分所合夥人竟是湖南省高級人民法院一離職副庭長，君自故鄉（高院）來，應知故鄉事，豈止僅是一個「知」字，簡直就在操弄故鄉事。

記得第一次再審立案時共花了一年時間來聽證審理，第二次再審立案應該慎之又慎，卻只花了短短三個多月時間就收官審結，令人坐立難安。再想起第一次再審從立案到判決共花了三年多時間，第二次再審硝煙又起，令人再起愁苦，不禁試問院落如此喧騰，何時才能歲暮？

【筆者應訴之失，提供改進之道】

一、當二審法院判決房屋買賣合約有效後，我公司工作重心全壓在辦理過戶上，開發商則暗中拉緊發條全面總動員，在每個環節上都設下攔截關卡，使得過戶程序比蝸牛走路還慢得多。我公司忽略了重點隘口，那就是湖南省高級人民法院的態度，萬萬沒想到該院竟敢不發應訴通知書，自行關起門來無聲無息搞立案再審。

二、建議台商朋友們，洞庭湖雖然沒有海大，卻比海更容易淹死人，若對手關係夠硬，都會將主力重兵壓在省高院，它位高權重，天不怕地不怕，只怕你沒有提前報到。

第六節　裸訴容易見到鬼

（本節涉及二審法院受壓設圈套、再審法院準備收網，最後被我公司戳破陰謀的驚悚過程。）

有些人在大陸打官司不花錢不找關係，憑的是不信邪的硬脾氣，我稱它為「裸訴」。在大陸中部地區裸訴是很危險的，甚至白天都會碰到鬼，與其裸訴不如不訴。

二〇一二年三月長沙陰雨綿綿，但今天太陽高掛，春風和煦，我佇立江中桔子洲頭，又聞洲上近處雀鳴，不禁憂愁上心頭，愁緒滿懷，內心渴望一掃纏訟陰霾的真情流露。我常想在當百端拂逆之時，我們台商是不是只有逆來順受之法呢？是不是只能學學將苦難放在心底，用微笑面對人生的生活態度呢？

二〇〇三年我公司包銷了魏督公司開發的都市陽光樓盤，並向魏督公司買了三套房子，分別簽有三份房屋買賣合約，買賣價格分別為人民幣四十四萬、十六萬、四十四萬，二〇〇三年底魏督公司拒絕給付人民幣五十四萬元服務費，也不交房，雙方矛盾擴大，隨即進入商務仲裁請求支付服務費，經三次裁決後仍被人民法院裁定「不予執行」，雙方又進入人民法院請求支付服務費及請求交房訴訟中，二〇一二年進入第九個年頭，我公司被困司法纏訟深淵中（其中過程前面章節已分別論述）。

房屋買賣合約的重要約定如下（雙方就此並無爭議）：

1、雙方約定以服務費結算後轉付房款，當最後一筆服務費不足支付購房款時，我公司應在三天內付清房款。

（雙方實際履行了九次服務費結算並轉付購房款，金額達人民幣七十七萬元，僅剩二十七萬房款未付，我公司共收到九張購房發票，魏督公司則收到同額服務費發票，清清楚楚沒有半點含糊。）

2、合約約定交房時間為二〇〇三年十二月三十一日，不帶其他交房條件。

3、合約履行期限為二〇〇四年五月三十一日。

4、產權過戶期限為二〇〇四年六月三十日。

綜上所述，那麼，到底還有沒有尚未結算的服務費攸關重要。

給付服務費案經人民法院一審判決魏督公司應支付我公司服務費人民幣五十四萬元，顯然超過未付購房尾款二十七萬元，如此一來，毫無疑問魏督公司應賠償我公司長達九年未交房的違約金（依合約計算達人民幣一百三十萬元）。

魏督公司上訴到長沙市中級人民法院，在二審法院審理過程中空中飄來兩道符（詳見第十四章第三節：一點就靈光，百條抵萬貫），這兩道符可謂法力無邊，二審法院不分青紅皂白，不論已付服務費或未付服務費一律強制性打了九折，造成服務費短少四十四萬元，僅剩十萬元，轉付購房款後出現購房款短缺了人民幣十七萬元，另請求交房案在二〇一二年三月時仍在湖南省高級人民法院第二次再審中。

我公司鑑於劉坊、劉代明、林智龍、陳竣聞等人相繼被該院再審改判了，不由得不寒而慄，本案若湖南省高級人民法院以購房款尚有人民幣十七萬元未支付而認定我公司負有民事責任，進而影響房子的交付及違約金的認定，那麼，這將是事前精心安排的一件司法陰謀詭計。

按房屋買賣合約約定縱使最後一筆服務費不足購房款時，我公司在三天內付清房款即可，實際上我公司也已將購房尾款提存在法院，況且魏督公司應先履行交房義務，否則，我公司亦有先履行抗辯權。但長沙市中級人民法院都敢於莫名將服務費打折在先，這是否意味著一件恐怖的司法陰謀正在蘊釀過程中？

當魔鬼擁有金錢時，挑戰法治的司法潛規則就會大行其道，大有成為主流思想的氣勢，嘴巴講的是顯規則，暗地做的是潛規則，我們若不再向潛規則開炮，我們都將被潛規則給潛了。還有，當今厚黑學也取代了論語成為實用國學，凡此種種現象的不斷顯現，恐怖的司法陰謀也會現身。因此，只有法院是座玻璃房，讓全民四面八方盯著看，有錢的魔鬼才無藏身之處。

【筆者應訴之失，提供改進之道】

一、在湖南省三級人民法院中，長沙市中級人民法院還是相對值得稱道的，這裡有位易前常務副院長把持關口，正義尚得以適度昂首見青天，本案在省一級兩位大領導冷箭齊發情況下，縱然服務費仍被強降人民幣四十四萬元，比起湖南省高級人民法院的五案全翻大膽行徑，還算是司法侏儒中的高個子。

二、建議台商朋友們，在大陸進行訴訟過程中，當你發現上一級領導已提前過問下一級法院案情時，上一級人民法院才是風口浪尖之地，你必須提前往上佈局，否則，上一級院裡就是你的曝屍之地。

第七節　誰是搖著紅旗的黑手？

（本節涉及湖南省人大內司委某領導屢屢出手干預法院、湘高院主管再審的某副院長又裡外呼應，造成我公司五件再審案全遭改判的四面楚歌過程。）

傷心事總是讓人如夢魘糾纏一般久久揮之不去，我公司老闆為了捍衛所購長沙市都市陽光三套房屋產權（二〇一二年市值約新台幣兩千萬元），及對湖南省連魔鬼聞風也喪膽的糟糕司法環境的無言抗議已索性將公司空轉四年了，唯長達十年的司法訟路似乎沒有息影跡象。當時手持司法監督大旗的湖南省人大常委會內司委領導無時不在搖晃那可以左右審判結果的可怕紅旗，湖南省高級人民法院負責審判監督的主管院長連連與其裡外呼應，我公司已有四件民事訴訟案成為旗下冤魂（二〇一一湘高法民再終字第214號判決，改判了一審、二審、第一次再審判決結果。二〇一〇湘高法民再終字第44號判決，改判了一審、二審判決結果。二〇一〇長中民一終字第0405號判決，改判了一審判決結果），二〇一二年初，房屋買賣合約糾紛案已進入湖南省高級人民法院第二次再審程序，這個被我貼上「台商司法殺手」標籤的湘高院，真令我公司老闆望之膽顫，判決時常常法律擺兩邊，領導意見或個人情感擺中間。

今天又是個崇拜日的到來，老闆因有點芝麻家事回台北了，我也趁機走進教堂親近主、讚美主、榮耀主，再一次將這顆污穢的心靈洗刷刷一番。長沙的基督教城南堂算是一家百年教堂，在南門口一個不起眼的窮巷裡，聽說民國初期就有外國基督徒前來傳遞福音。教堂是棟四層透天中式公寓，沒有洋氣的窗牖，也沒有莊嚴的大門及參天羅馬柱，然而弟兄姐妹們個個敞開心扉大門迎接主的福音，臉上展露著喜悅，滿懷感恩。

人雖然很多，但這裡沒有大陸式的吵雜推擠，牧師講道是備有講稿，講的是一樣的福音，也唱奇異恩典、普世歡騰、哈利路亞等聖詩，連最後牧師的主禱文、阿門頌都與台灣基督教沒有兩樣。教會弟兄姐妹也成立青年團契、婦女團契、心泉詩班等，小孩也上主日學，只可惜長沙教會就是少了一些，小了一點。我在想，教堂不就代表社會的和諧指數嗎？信教的人越多，和諧指數必定越高，教堂越多，監獄越少，社會必定越文明，不是嗎？

二〇一二年十月的一個大清早，我接到湖南省高級人民法院審判長周X清的電話，說句心底話，在湖南我喜歡接到法官的約談電話，談的越深入，案情吃的越透，對我公司越是有利，因為真金不怕火煉。我依其指定時間到達指定地點，魏督公司尹老闆也在場，我內心滴答著，都已經開了幾次庭了，還這麼頗煞苦心的約談雙方，必有大事悄然蘊釀著，我屏息靜待。

周法官來了打破沉靜的空氣問尹老闆：「請問尹總，你公司一直主張已經發函解除房屋買賣合約了，但在一審、二審審理中怎麼都不見你公司提出《解除公合約通知書》供雙方質證？」

尹老闆霎時臉色殺青凝重地回答：「不會吧！這麼重要的證據怎麼會遺漏？」

周法官反過臉來問我：「你們公司什麼時候知道這份解除合約通知書？」

我回答：「魏督公司確實未在一審、二審審理時提出解除合約通知書供質證，在第一次再審時才提出來，我當即表示不予質證，故該證據依法沒有證據力。」

周法官又問尹老闆：「你們主張該通知書遭對方拒收，故採用留置方式送達，當時你們是送給對方的什麼部門？何人拒收？」

尹老闆開始焦躁不安結結巴巴地說：「是送到他們財務部，財務部人員拒收，不知道人員姓名。」

約談結束後，我不禁雀躍在心頭，心想，周法官都已洞悉關鍵證據沒有證據力，魏督公司這場官司輸定了。回到住處立刻沖個熱水澡，口中還不自覺的哼起鄧麗君的《四個願望》來，可想而知當時就像中了特獎很熱血流淌。

隔天接了周法官來電，好像事情有變，客廳空氣頓時有些凝重，我依照他的吩咐帶了相關證據趕赴湖南省高級人民法院。這回周法官詢問的是目前「都市陽光」三套房屋的使用現狀與登記現狀，我一一稟明：

1、關於房子使用現狀，長沙市雨花區人民法院執行局已將該三套房屋強制執行給我公司，目前我公司已合法佔有中。

2、關於產權登記現狀，該三套房屋雖仍登記在開發商名下，但我公司已完成預告登記，且已完納了物業維修資金（共人民幣四萬元），契稅（約人民幣四萬元），產權登記費也已繳納（共人民幣二百四十元）。

3、關於開發商將該三套房屋惡意一屋兩賣給第三人的審判情況，長沙市雨花區人民法院院長已發現該判決顯然錯誤而裁定立案再審。

相關證據一應俱全，鐵板釘釘的事實亮晶晶擺在眼前，周法官似乎已掃除了這三團迷霧。當時，我還天真的帶著愉悅的心情乘風返回那溫馨的豬窩，浪漫的遐想正義之神即將登門。

二〇一二年十一月二十三日是個黑暗的日子，我到湖南省高級人民法院領判決書（在大陸中部一帶習慣性的通知當事人自行前來領取，由主審法官親自交付簽收）。我是坐著簽收，簽好了便習慣性立刻瀏覽，刹那間怒髮衝冠拍桌而起。判決內容荒唐至極，改判了二審判決及第一次再審判決結果，但可怕的還不是改判，而是欲無端端置人於絕路的水月鏡花虛幻理由，周法官倒退五六步，兩手自然前伸做防禦狀，我可是一位會動粗施暴之人？我指著周法官喝道：「你們只知一陣亂搞，小心因果報應。」

我悻悻然離開了這棟灰色大樓，心頭突然湧現李白的那首詩《行路難》：「子胥既棄吳江上，屈原終投湘江濱」，難道當今湖南司法環境依然如似殘酷。這次判決周法官知法犯法、枉法判決甚是明顯，其手法之粗糙，絲毫不見事實依據及法律準繩的蹤跡，令人捶胸頓足甩頭髮的有下列這兩點：

一、明知解除合約通知書未合法送達我公司且在訴訟期間未依法在一審質證時提出質證（在大陸打民事官司，相關證據必須在一審法院所定質證時間內提出來，接受對方就真實性、關聯性、合法性的質證，否則，未經質證的證據依法沒有證據力，審判法院不可採納），卻仍認定魏督公司已經行使解除權，周法官不就曾經為此十萬火急召集雙方詢問嗎？（詳如前述）事實不是歷歷在目嗎？可是，縱使我跑斷了腿，也只是過過水而已，法官枉法之心早被長長的十二寸鋼釘所釘，我們只不過是隻任人把耍的猴子，嗚呼哀哉！

二、明知魏督公司惡意一屋兩賣的行為已被立案再審，明知我公司已辦理預告登記且依法完成交房手續，卻仍認定我公司與魏督公司的房屋買賣合約已經沒有正常履行的基礎，故改判解除買賣合約。我很好奇周法官因何而能坐在湖南省高級人民法院的審判椅上？憑的是什麼？大陸司法審判採逐級審批制，主審法官上頭還有副庭長、庭長、主管副院長，院長統管一切，但亦非法院系統說了算，還得接受人大常委會內司委的監督，監督過度就會變相成為干預，這也是大陸普遍存在的現象，所以真令人費解，誰才是本案一隻可怕的黑手？

【筆者應訴之失，提供改進之道】

一、當搖著紅旗的省級黑手出現在湘高院時，他隻手可以遮天，可達天頂，四週陰風怒號，檣折船摧，我公司有感苗頭不對，緊急向省台辦稟報。省台辦馮主任是個很能體恤民苦的父母官，他親自登門造訪有關部門，省政法委執監處也進行積極關注，可是，縣官真不如現管，省人大內司委主任＋省高院主管副院長等於無敵判官，勢不可摧，力不可擋，筆者除了暗地哭泣，別無作為。

二、台商朋友們，到大陸法院找刺激，猶如進了假鬼屋還真碰上了真厲鬼！果真非去不可，給你三句多餘的話：一、找對人，找到比對方管用的人，不能因痛惡特權而遠離特權，在這裡他說了算，不想低頭必定撞上樑。二、做對事，隨時掌握對方的後台老闆蹤跡，雖有難度卻攸關重要。三、用對方法，少投訴領導，多耐點心。

第八節　北京的天氣會騙人

（本節涉及筆者甘冒寒風大雪前進北京市永定河西大街投訴的心酸悽愴過程。）

二〇一二年十二月四日晚上十二點，我抵達北京南苑機場。北京對我而言並不陌生，前後已北漂四次了，只不過每次漂移都來去匆匆，僅僅吃了幾塊北京烤鴨，抽了幾口北京冷空氣，如此而已。雖說不陌生但也不熟悉，這回任務特殊情況不同，預計待上半個月，這次是為維權吶喊來的，湖南省上下級法院（區法院、省高院）輪番司法強暴我公司（市中院相對仁慈些），逼走北京討說法是件無奈事。當晚零下十度聽起來恐怖，但低溫不可怕，待過北京的人都清楚要命的是寒冬刀削風，隨風滿地沙亂飛，風頭如刀面如割，這檔事如人飲水冷暖自知。

十二月五日，北京的太陽露臉了，是出外踏青或訪友的好日子，我先私訪了北京台商協會的林會長。出門前側臉瞭望窗外的天空，晴空萬里不藏一片雲朵，我決定輕裝上路（不帶耳套、手套、帽子，只帶外套），搭了二號線中途換乘五號線再換乘十號線就到北土城站了，票價人民幣兩元（北京乘捷運一律兩元，只要不出站，不管你怎麼繞，票價就是不會跟著繞），所以，北京捷運從首發車到末班車班班人頭鑽動，有立身之處就應懂得感恩了，別奢望屁股有待遇。

北京捷運族有人戲稱低頭族，年輕人總是低頭玩手機，我注意到多數人玩的是遊戲，不然就是玩微信，難道這就叫「學而時習之，不亦悅乎」嗎？一個國家想可持續發展，其青年子弟就要懂得提高書刊瀏覽量，開拓視野，廣進知識，不是嗎？車廂裡明顯處貼著一塊北京精神標語吸引了我的目光，「愛國、創新、包容、厚德」，我簡單琢磨了一下，中國歷代自周公將皇帝定位為天子以來（上帝的兒子），忠君愛國就是一項神聖的使命，就連盛唐時期的浪漫詩人李白也不乏愛國情操的詩句「總為浮雲能蔽日，長安不見使人愁」，所以愛國擺第一是北京的必然，任誰當市長都是不二法則，是核心，這是綿延傳承五千年的忠君思想；創新對一個古老京城而言實屬難能可貴，但奧運村、鳥巢、水立方不就代表著一個階段的北京創新嗎？轉眼間到了該出站的時候了，走出站口迎面撲來一陣凜冽寒風，我有感出發前被這輪煦日欺騙了，只得加快步伐衝向林會長在北三環的辦公室取個暖吧！

……

十二月七日早晨六點被服務員「叫早」，窗外漆黑一片，精神狀態就像市場趕集或遊客趕早一般，八點到達豐台區小紅門的紅寺村，這裡是大陸最高人民法院立案信訪接待處所。大門口已有近百人在擾擾嚷嚷著，多數是北方人，訴說著這邊是如何不公，那邊是如何令人扼腕。我只敢旁聽不敢插嘴，以免惹事上身。

這次上訪生平頭一回，準備的資料也就特別齊，怕的就是兩千里路的遺漏折騰（長沙到北京）。我看其他人可沒這般小心翼翼，僅僅手握一張地方法院判決書就風塵僕僕來京上訪，我想肯定要京野奔波幾回合才能搞定。我進入大廳取表登記並拿到號碼牌後上了二樓候廳室等候傳喚，突然候廳室的角落裡傳來哭叫聲，有位衣裝打扮樸實的婦女哭喊著：「讓我進去，我要換法官，我來了十三次了，那個法官都不跟我談，我要換法官。」幾位法警耐心的安撫她，「我的姑奶奶，拜託妳別再哭了，哭也解決不了問題。」這招顯然太一般，似乎不見效，持續僵持幾十分鐘，這位婦女也確實有夠能哭，我想，她有這麼多的淚水肚裡必有這麼多的苦水撐著。

最後，來了一位女法警表示願意聽她傾訴，我看在眼裡熟知這只是法警的一步緩頰棋路，只要能拖到下班鐘響，結果可想而知。這位可憐少婦上訪不懂套路，不問何人，逢人喊冤，我幾度想挺身而出，聆聽指點迷津，但剎那間理性敲醒了感性，我充其量只是個泥菩薩，自身過江都難保安全了，還有何作為？真不知她又要哭上幾回？我算是走運的，一天工時就完成了繁瑣的再審立案收件手續。

二〇一二年十二月十日，我與湖南省高級人民法院駐京辦孫先生共進晚餐，他很清楚我此行目的，為了進一步瞭解我公司在省高院的審判過程，他打了一通電話給吳法官（立案庭主審法官），吳法官說「這個案子是完全遵照省人大內司委的意見辦的，他們要我們非這樣判不可」。此時我猛然想起今年五月某天，我與友人吳姐拜會湖南省人大內司委某領導，吳姐拐個彎介紹我是她的司機，該領導不疑我的身分而道出一段驚悚內幕，他說湖南省人大內司委某領導與魏督公司尹老闆相當熟識，彼此還搞過集體招待活動。那麼，我公司在湖南省高級人民法院接連慘遭不公待遇的幕後黑手已呼之欲出，而湖南省高級人民法院不依法公平公正獨立審判，而昧著良知屈服不當監督，實在令人痛心疾首，我決定走一趟「前門前的永定河西大街」（即上訪投訴大街）。

二〇一二年十二月十二日，北京飄來入冬來最大雪花，想想我已西漂大陸十兩年了，這麼大的雪還是頭一回見識，幸好昨天到天安門前的前門步行街買了雙羊毛內裡皮鞋，現買現穿內心竊喜不已。

今天依然起個大早，摸黑搭地鐵來到天壇東門站，準備搭的士上永定河西大街。運氣真不錯，一出捷運就撞上一輛計程車正在下客人，我立馬跟上，怪了，這位師傅（指計程車司機）對「上訪大街」竟不熟路，每天來此上訪的各地憤民何止上百，在這外來憤民穿梭不息的黃金碼頭應該是師傅們的最愛，豈可陌生？我十分納悶。

他給我兩條路選擇：1、下車換乘。2、由我指引帶路，錯開繞路一概不究。我選擇二，上車後我打破沉默問道：「師傅，看你不像新手，怎麼會不識上訪大街？這不就是你們搖錢的黃金路線嗎？」他的回答令我尷尬不已，他說：「一般師傅是不搭訪民的，付費容易起爭執，鬧事還要被調查。」

我終於明白了，不熟路是假，怕惹麻煩是真，我一臉錯愕自嘲著：「師傅，你看我像搭車不給錢的人嗎？」

他默然回我一笑：「我不也是載你了嗎？」到了永定河西大街甲一號後，就是俗稱「憤民上訪大街」，近千人擁擠一條八米寬三百米長的死巷子，這裡有大陸國務院信訪局（專門接待不服行政處分的上訪），中共中央紀檢委信訪接待處（專門接待對共產黨員貪腐的檢舉），大陸全國人大常委會信訪局（專門接待不服法院終審判決的上訪），人很多，猛然乍現一位焦躁女憤民引來零星騷動，她不顧形像爬上圍欄大吐苦水，被女警拉了下來，或許動作大了些，引來另一位旁觀女憤民的不滿助陣叫罵。

現場也出現少數男憤民不服從秩序維護而與員警爆發肢體衝突，他們迅速被增援來的員警架離現場帶入門內，我拍了幾張照片留念，畢竟來此的大陸同胞均非得已，是對地方政府或法院不滿且投訴無門的表徵。或許因天寒地凍澆滅了憤民不少怒火，大家更多注意力擺在摩拳取暖跺地防僵上，嘴邊還會時時黏上飄來的雪花，須不停清擦抹去防止冰僵。持續熬近兩小時，筆者幾度難耐寒凍而想放棄，倘因欲討說法凍壞身體不值得，可不知何來念力還是撐過去了，進去大院前心裡想著投訴者眾，接辦者稀，能夠收收資料，聊上幾句要點，面談個五分鐘也該圓滿出場了。可是萬萬沒想到談逾個把小時，親切、耐心、專業接待，給我留下深刻印象。台商朋友若在大陸遭受地方權貴的欺凌刁難，不妨走趟北京永定河西大街，或許會有奇蹟出現，我是說或許……畢竟中央地方唇齒相依呀！

第十五章 枳過江東變成橘

制式的包銷合約，類似的違約行為，發生在沿海地區與內陸地區，結果大不相同。

本章癥結點：

一、湖南當地的某些領導只懂玩弄法律，江蘇的公僕則專心耕耘法治。

湖南的小顆粒枳子移到了江蘇卻長成碩大的橘子，用不用心耕耘法治，如此而已。同樣是房地產包銷合約的糾紛，在南京申請仲裁，獲得公平公正對待，開發商不服裁決，遂向南京市

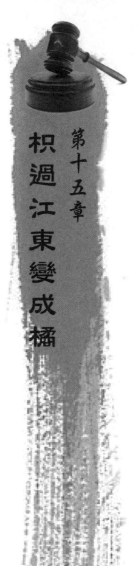

中級人民法院申請撤銷。這個開發商，在大陸可是名號響叮噹的地產巨鱷，財大氣粗，一口氣派了兩位鼎鼎有名大律師出庭開戰，筆者單槍匹馬以對，三個月時間，正義從天而降。我公司遂前往揚州申請強制執行，最後畫上了完美的句號。為何江蘇與湖南的司法環境，有著現代與原始的天壤之別呢？原因究竟何在？

二、這種法律素養的人豈能坐上法庭？受苦的一定是當事人。

我公司老闆有次準點到長沙市天心區人民法院開庭，開發商魏督公司老闆利用法官退席，書記員下樓列印筆錄之際，出手攻擊我公司老闆，我及時拉開老闆，幸好老闆僅受點擦傷，書記員終於上來了，筆者要求請法警出面處理，書記員拒絕了，他拋出兩個冠冕堂皇的理由：1、我不在場，沒親眼看到的事不能處理。2、現在是退庭時間，應歸一一〇負責處理，現在不能出動法警。後來，打人事件驚動了孫副院長，最後下了一道罰款人民幣一千元的裁定，法院倒賺了裡子，我公司老闆連一聲道歉也未獲得。

三、當事人僅申請強制執行人民幣十六萬元，因債務人不配合執行，法院對其裁定罰款人民幣三十萬元，合理嗎？扣了款，卻拖了三年才劃款，原因何在？

四、已經強制執行交房完畢，既遭第三人破壞門鎖、大吵大鬧，也遭物管公司斷水斷電，公安派出所竟不理不睬，原因何在？

五、十年訴訟，台灣海基會在近兩年來共發了四次函給大陸海協會，卻激不起法院裡的一點漣漪，原因何在？

第一節　大陸司法豈止兩制

（本節涉及江蘇省南京市、揚州市的文明執法過程。大陸之大，總有開明之地。）

註：

①二〇〇七年八月，雙方幾乎同時申請仲裁。

②二〇〇八年五月，南京仲裁委裁決開發商支付違約金給我公司。

③二〇〇八年六月，開發商向南京市中級人民法院申請撤銷裁決。

揚州仲裁路線圖

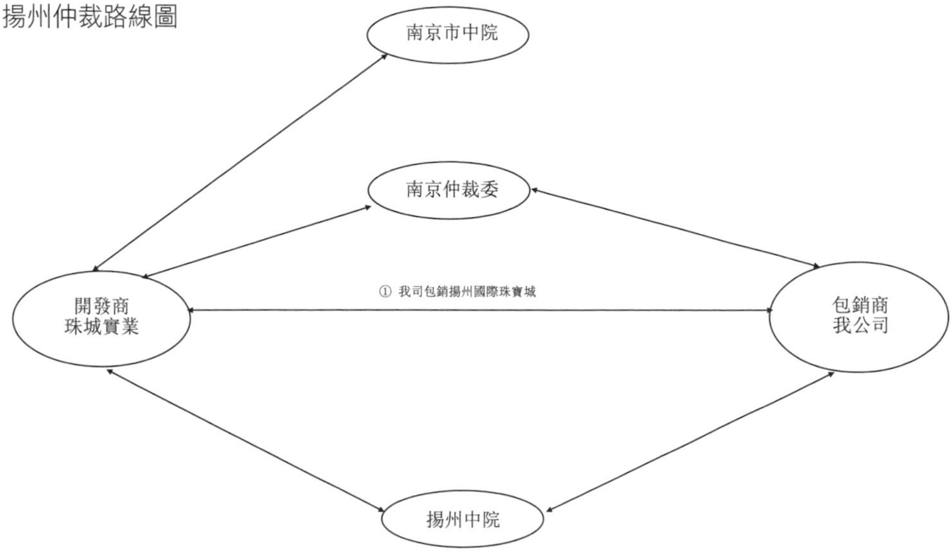

④二〇〇八年九月，南京市中級人民法院裁定駁回開發商的申請。

⑤二〇〇八年九月，我公司向揚州市中級人民法院申請執行。

⑥二〇〇八年九月，開發商向揚州市中級人民法院申請不予執行。

⑦二〇〇八年十月，揚州市中級人民法院裁定繼續執行並查封開發商土地。

⑧二〇〇九年六月，雙方達成和解，開發商支付款項。

前後不到兩年，程序正義與實體正義兼顧，堪為大陸司法典範。

二〇〇六年，我公司包銷了珠城實業公司開發的揚州國際禮品城，開發商副總裁是我公司老闆在大陸清華大學國際工程專案管理研究院授課學生，師生關係搭起了雙方合作的彩虹橋。這個專案開發規模巨大，達人民幣近百億元，我們期待這次的選擇，十年磨劍無人識，一舉成名天下知。公司上上下下各個磨拳擦掌，準備大顯身手，希望開發商賺得盆滿，我公司也進帳缽滿、同事們口袋滿滿。

殊不知金融危機病毒已潛服進入二〇〇七年了，開發商戰線拉得過長，資金出現斷裂現象，違約行為不約而至。房地產包銷行業的這種事似乎始終剪不斷理還亂，因雙方包銷合約有約定由南京仲裁委仲裁的條款，二〇〇七年八月戰場㒢間轉移到南京仲裁委。

這場仲裁案叫人拍案叫好、擊掌稱讚，從申請仲裁至執行到款（二〇〇九年六月），前後不到兩年光景，經歷南京仲裁委仲裁程序（九個月結案）、南京中院撤銷程序（三個月結案）、揚州中院執行程序（九個月結款），這場仲裁案讓我對大陸沿海地區的司法審判刮目相看，不論程序正義與實體正義均不折不扣予以維護，西方世界引以為傲的司法審判制度，亦不過爾爾，大陸之大依然可尋，我終於見識到什麼叫一國多制，這改變了我對大陸整體投資環境的觀感，同樣的合約法，不一樣的判法；同樣的民法通則，不一樣的套用準則；同樣的司法解釋，不一樣的解讀認知。

大陸實在夠大，變相的一國兩制、三制、四制不足為奇，必須適應，別抱著同部法典，用同樣的訴訟技巧遊走大江南北，有時會讓你撞的滿天是星星。想想德國總人口才八千兩百萬，比廣東省還少兩成，英國總面積才二十四萬五千平方公里，只比湖南省大兩成，德國都有東西差距，英國南北發展亦不均衡，想開了，事情就好辦了。

南京仲裁委裁決開發商承擔完全違約責任，即按約全額計算違約金，未予酌減，開發商不服，向南京市中級人民法院申請撤銷仲裁，南京市中院三個月審結，並判決維持原裁決。我公司向揚州市中級人民法院申請強制執行，開發商隨即申請不予執行，揚州市中院開庭審理後決定繼續執行，查封了開發商名下一片轉讓地。當地區政府開發辦企圖阻撓拍賣，法院立場依然鮮明，後來在揚州市政府台辦領導的折衝協調下，二〇〇九年六月雙方達成協議，開發商如數清償債務，我公司撤封，圓滿畫上句號。

我聽說過桔逾淮為枳的典故，難不成枳從湖湘過了江東也會變成桔？制式的包銷合約，類似的違約行為，發生在沿海地區與內陸地區，結果大不相同。我來「化驗分析」兩地法院的血液養分有何差異：

在長沙經歷了仲裁委三裁三撤，並經人民法院一審再審、再審又審，九年未結，審判機構與監督機構熱衷於蝸牛式審理、調解式判決，違約者變相獲利，守約者暗地裡吃了悶虧，這裡的某些領導還懷抱著政策至上的理念，維穩超越法治；在南京只經歷仲裁委一裁就終結，兩年就拿錢，這裡的領導顯然有較強的法治觀念。

【筆者應訴之失，提供改進之道】

一、南揚之戰（南京仲裁、揚州執行）是筆者登陸十兩年來思之欲躍、沾沾自喜的傑作，無可挑剔，這或許是上蒼的憐惜，對我公司在湖南慘遭司法蹂躪的補償。

二、建議台商朋友們，別以為中西部是塊經濟騰飛的處女地，荒蕪之地多野人，遍地佈滿荊棘；在江浙一帶與大公司交手打官司，證據依然是會說話的利器，道道地地的訴訟技巧還是管用的。

第二節　誰來保護我的出庭安全

（本節涉及台商出庭被打，書記員冷言不理的過程。台商們，戴鋼盔上陣吧！）

去年大陸一則文章在某論壇被炒得沸沸揚揚，文章以當事人周華富的口吻說，自己在法庭上被寧海縣的人大代表打了，而且受傷很重，小命差點不保，在醫院住了六天。

可是縣人大代表法庭上打人這樣的事，我公司老闆也遇到了，受害者就是他。我們痛心疾首的不是暴民的惡形惡狀，而是冷默不作為的執法者。有些地方的執法者，已養成了「無利則推，有利則搶」的不良習慣，像法庭內動粗的芝麻小事顯然無利可圖，連年輕書記員也懂得推諉之道，可嘆！可嘆！

二〇〇七年十一月九日，長沙天心區人民法院定期召開我公司與魏督公司的仲裁裁決「不予執行」案聽證會，休會後，書記員到樓下列印筆錄，雙方當事人在庭內等候簽字。此時，魏督公司尹老闆衝到我公司老闆座位上挑釁，並出手襲擊我公司老闆，不久，法院書記員帶著列印筆錄回到庭內。我公司老闆向其反應庭內對方施暴情節，並要求法警立即進行處理，但這位年輕的帥哥說：「法院的員警只負責維護開庭時的秩序，休會時間不在法院員警的維護範圍，你應該打 110 報警，由附近派出所警員處理。」

我公司老闆不以為然，「司法員警管的就是法院領地範圍內的秩序，圍牆內的傷害事件都該管，請你馬上請司法員警上來處理！」

帥哥就是帥，他態度堅持，十分自信，接著說：「我又沒看到對方打你，我是不會報警的，這不關我的事，要報警你自己去報。」

年輕人就是有個性，此話一出，我公司老闆瞬間傻眼，就像啞巴看失火乾瞪眼，無法應對，回神後，向他要法院員警部門的電話，他說不知道，我公司老闆斗笠冒煙、火冒三丈，喝道：「如果你不去找法警上來，我就告你！」

他終於察覺到火燒鬍子禍在眼前了，立即打電話請員警上來，員警上來發現對方走了，也跟著走了，筆錄也沒做上一個，真不可思議。

法院是社會正義的維護者，是司法審判的執行者，法院內人身安全都無保障，那麼去法院討說法不就像到火神廟求雨找錯門了嗎？難道在你家裡被打是件不叫事的事嗎？要繳錢的事才叫事嗎？天心區人民法院孫副院長得知此事後，深表關注，在調閱現場錄影帶後立即做出罰款決定。對施暴者罰款人民幣一千元，這是否又說明敢花一點小錢的人就可以在法院內打人呢？處罰是否過輕？被打的是我公司老闆，收錢的是法院，合理嗎？法院除了會管別人的事外，應該更會管管自己的事。

根據大陸民事訴訟法第一百零一條第三款：「訴訟參與人和其他人應當遵守法庭規則，人民法院對違反法庭規則的人，可以予以訓誡，責令退出法庭或者予以罰款、拘留。」

大陸刑事訴訟法為防止職能部門之間的相互推諉，特別於第八十四4條規定，「公安機關、人民檢察院或者人民法院對於報案都應該接受。對於不屬於自己管轄的，應當移送主管機關處理，並且通知報案人；對於不屬於自己管轄而又必須採取緊急措施的，應當先採取緊急措施，然後移送主管機關。」

筆者認為打蛇打七寸，盡打尾巴照樣被蛇吞，罰款是有錢人七寸外的尾巴，限制自由才是七寸內的要害。有錢人在法庭內違法造次就是企圖用臭錢渺視法庭、羞辱法律，應該施予拘留而不是接受羞辱。

【筆者應訴之失，提供改進之道】

一、本案在休庭等待筆錄之際，對手衝過來叫囂，我公司老闆輕輕頂撞幾句，結果一頂不可收拾，山洪暴發式的揮拳直擊而來。對手為此也付出了代價，倒不是被罰款人民幣一千元的芝麻小事，很快地他也收到了敗訴的裁判書。

二、建議台商朋友們，碰到粗暴的對手，少發生口角，不逞口舌之快，但若發生在適當的時間與地點，則不妨順其自然的演繹片刻，或許收效更快。

第三節　蜀道難，執行更難

（本節涉及執行扣款後，法官拖延不給錢的過程。台商朋友們，領錢也須花點錢啦！）

註：

①從申請強制執行，在完成扣款情況下，仍拖了三年才拿到錢。

②申請執行標的只有人民幣十六萬元，法院卻裁定罰款三十萬元，引起雙方矛盾擴大。

③在市台辦領導楊贛城處長、區台辦領導侯蓉輝主任多次協調下，才在二〇一二年春節前發款結案。

（執行領款路線圖）

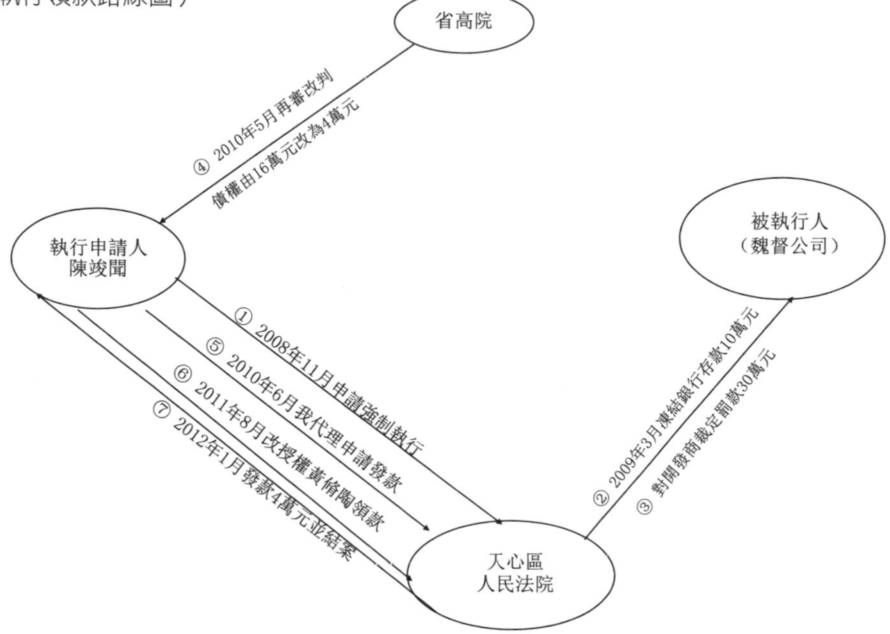

黃鶴之飛尚不得，猿猱欲度愁攀援。

青泥何盤盤，百步九折縈岩巒。

捫參歷井仰脅息，以手撫膺坐長嘆。

問君西遊何時還，畏途巉岩不可攀。

但見悲鳥號古木，雄飛雌從繞林間。

又聞子規啼夜月，愁空山。

蜀道之難，難於上青天，使人聽此凋朱顏。

唐朝浪漫詩人李白的著名詩作《蜀道難》廣傳至今，其以超越空間的想像，巧妙誇張的手法，描述了攀爬蜀道的萬般艱難。然而，蜀道之難尚不足奇，當今橫豎在人們面前的人造障礙才令人寸步難行，例如在大陸某些地區（尤其中部五省）的台商企業手執判決書申請強制執行，真可謂有苦難言。執行不到位的現象千奇百怪，有債務人抽逃資金的，有地方保護思想抬頭的，有執行員無利可圖不作為的，有法院領導徇私干預的……這座座無形心峰橫阻在執行小道上，若想順利執行比蜀道難還要難。

活生生的案例就在我眼皮下出現，話說二〇〇八年十一月長沙中院判決魏督公司應加倍賠償陳竣聞人民幣十六萬元，因魏督公司不配合執行，天心區人民法院除依申請凍結魏督公司人民幣十萬元外，另對魏督公司裁定罰款三十萬元，並將該十萬元劃入了法院帳戶。那麼，眼前瞬間出現兩個問題，1、如何分配該凍結款十萬元，執行款優先，還是罰款優先？或是平分？事實上，法院告知凍結款僅為五萬元，顯然平分是答案。2、加大雙方矛盾，迫使魏督公司不惜成本申請再審，果然省高院准予再審並予以改判，不幸的後果總是百姓買單。

陳竣聞是我公司台籍幹部，因已離職回台，在台灣台北地方法院所屬民間公證人事務所辦有授權公證書，授權筆者處理法院執行事務，我以代理人名義申請繼續扣款，法院表示查無魏督公司其他財產，就此晾在那兒達一年時間，這都是台商不適應法院潛規則的寫照。

接著，二〇一〇年五月湖南省高院的再審判決送達，改判為魏督公司僅賠償四萬元整，那麼凍結款平分後仍有五萬元，我想快速結案應不在話下，可是，屢屢申請發款結案，就是屢屢不發款，看似極為簡單，辦起事來就是極為不一般。一波未平一波又起，陳竣聞真是沒有福分動用這筆錢，他不幸於二〇一一年四月在家中意外死亡，繼承人在 二〇一一年八月在台灣台北地方法院所屬民間公證人事務所授權黃修陶先生繼續完成執行工作，在市台辦投訴協調處楊處長、區台辦侯主任積極協調之下，終於在二〇一二年一月初返鄉過年之前領到這筆遲來的執行款。

雖說蜀道難，執行才是更加難啊！

筆者由感而發寫道：

天上行雲尚可採，溪湖倒影僅可觀。

有形珠峰豈難登，無形機峰難登臨。

【筆者應訴之失，提供改進之道】

一、本案執行員看起來老實，執行之初絲毫不敢鬆懈，後來聽說，胃口不小，可能是造成扣款遲遲不發的原因吧。這件事筆者只是聽說而已。

二、建議台商朋友們，在大陸打官司，別小看握點綠豆大權力的人，我們費盡九牛二虎之力拿到判決書，若執行不到位還不是像一張白紙，執行是有行情的，各地表列不同，還是上街打聽打聽吧！

附件：

一、湖南省公證協會，涉台公證文書查驗證明。

湖南省公证协会

涉台公证文书查验证明

0000897

兹证明 陈001 持有的由台湾省 台北 地方法院出具的第 100 —— 100440 号公证书与台湾省海基会于 2011 年 9 月 5 日寄来的海惠陆（法）字第 100 —— 20173 号公证书副本相符。

湖南省公证协会

2011 年 9 月 23 日

二、繼承人授權書。

使用地區：湖南省

继 承 人 授 权 书

因陈00（台湾身份证号碼 000000确实于2010年04月 11 日在家中意外死亡，陈00（台湾身份证号码 000000出生日期：年12月 5日）为其合法法定继承人，陈 00生前并无立下任何遗嘱，一切按法定方式继承。

因陈00生前曾依据湖南省高级人民法院（2010）湘高法民再终字第67 号判决为执行名义向湖南省长沙市天心区人民法院执行局申请对债务人长沙00实业有限责任公司执行债权人民币肆万元，因繼承人目前是大學生還在就學，不克親自前来处理，今授权黄00先生(台湾居民来往大陆通行证号码 0000)全权代理向上述法院申请变更执行申请人为本人及代理执行全部后续程序，并特别授权黄秀陶领取全部执行款。

立授权书人：陳00
身分證號碼：
地　　址：
2011 年 8 月 23 日

100年度北院民認瑜字
案號：100440 日期：100. 8. 23
本文件之簽名或蓋章，在台灣台北地方法院所屬民間公證人許琬瑜事務所認證。
公證人：許琬瑜
許 琬 瑜
公證人 許琬瑜
地址：台北市北安路458巷41弄49-1號5樓
電話：(02)2533-8811

（四送溫情路線圖）

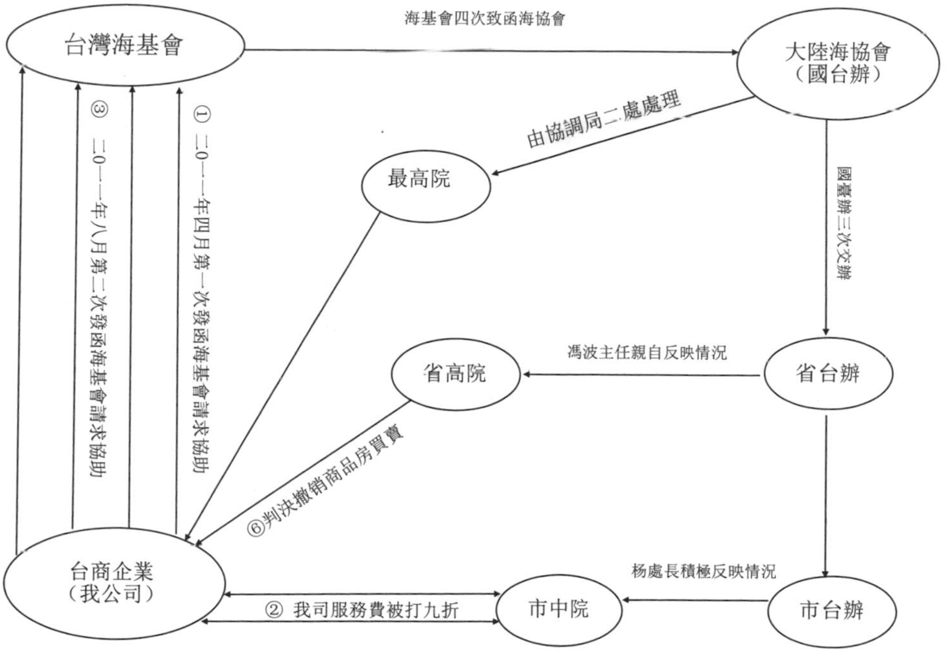

第四節　和諧壓倒了和諧本身

（本節的過程是筆者的錐心之痛，涉及公安人員不作為、物管人員亂作為，卻只能眼睜睜看著施暴者胡鬧，一籌莫展。）

二〇一二年二月十四日收到湖南省高級人民法院的再審立案裁定書（在大陸申請再審之前要先申請再審立案，獲准再審立案裁定後才正式進入再審程序，台灣則無再審立案程序），李榴等人無視法院已強制交房給我公司的事實，竟強行更換門鎖並找來四～五名黑社會人士霸佔房屋。我報警後，候家塘派出所認為李榴等人亦持有法院有效判決書，其侵入房屋行為屬民事糾紛，一間房子判給兩個人是法院捅出的馬蜂窩，法院自行處理，故拒絕出警。

我深表不以為然，既經法院強制執行交房完畢，我公司既屬合法佔有者，李榴等人的行為應構成侵入他人居住罪。大陸司法由公、檢、法三家分享，理應既分工又合作才是，由這件事看來好像分工分明、合作不明。或許是台灣人的思維在作怪，我認為正義的實現過程不能計較成本，於是轉向雨花區人民法院執行局反應，並向中共雨花區委政法委投訴，經王副書記協調由法院執行局出面處理，法院執行局於四月一日派出十餘法警到現場驅離不法霸佔份子，以避免衝突擴大，並貼上封條及帶回李榴老婆到法院詢問後斥回。

第二天封條被撕，李榴等人再次肆無忌憚進屋霸佔，並外加一條大鎖鍊，致使我公司看管人員亦無法進入該屋。我再向雨花區委政法委王副書記及法院執行局反應，經協調後由區法院行文省高院請示如何處理。省高院亦遲遲未見回文，就這樣，二〇一一年十月十八日完成強制交房後，我公司從合法佔有房屋到無法使用房屋（被斷水斷電），法院無能為力、公安不理不睬。為了維持社會假和諧，任由非法霸凌合法，社會真和諧與社會真正義合而若離，我被假和諧社會給「和諧」了，實在發人省思。難道這就是我們所要的真和諧社會嗎？當你維權挫折連連時，當你深深有感受到此身非我所有的無力感時，堅持還是放棄？

【筆者應訴之失、提供改進之道】

一、本案執行過程中碰上了好團隊（梁院長＋聶局長＋鄒志軍執行員），當派出所撒手不作為時，有賴長沙市雨花區人民法院執行局五出祈山，開發商＋物管公司＋假買主組成的邪惡軸心受到法院約束，可惜湖南省高院竟然以該三套房屋事實上已被第三人佔有，已失去履行買賣合約的基礎，而判決解除房屋買賣合約，我公司損失近新台幣兩千萬元。

二、建議台商朋友們，在大陸辦事，與官員文來文往還不如人來人往，常奔走法院二點一線間的人，必須交上幾位能推心置腹的高院朋友，否則，贏了二審輸了再審會是你不想面對的光天耍魔。

第五節　四肢無力海基會

（本節涉及台灣海基會接連出招，省台辦馮波主任企圖力挽狂瀾的過程。得此主任是有幸，來此湖南卻又是不幸。）

註：

①海基會馬紹章副秘書長、服務中心饒仁宏科長、法務科劉慧玲科長、服務中心李庭宇科員竭智盡慮向大陸海協會反映情況，熱忱積極的態度，令人動容。

②湖南省台辦馮波主任、劉麗華副主任為維護台商利益竭盡思慮，甚至躬親拜會省高院，舒洪濤處長不畏艱辛、敢於穿梭協調，這種種溫情銘感五內、深植我心。

我公司與魏督公司的包銷合約糾紛與房屋買賣合約糾紛案，共引起海基會四次發函大陸海協會。海基會服務中心的服務真是到位，我們備感溫馨，可惜左右大陸法院法官的大咖是黨委常委；中咖是人大內司委、黨委紀委、黨委政法委、黨委組織部等；台辦機構僅能算是小咖。當訴訟對手抬出大咖來，往往對台商造成致命一擊，關係不對等，判決結果就不對稱，這是大陸司法空間客觀存在的普遍聯繫及辨證規律。

感激省台辦馮波主任、劉麗華副主任親自出馬走訪省高院，為台商的合法權益表達關注，此舉看似平淡，卻是罕見，散發出來的就是思維求新、作風求變。馮波主任乃法學專業出身，熟諳司法運作機制，深知不能逾越雷池一步，以免落人干預司法審判之舌，又要引起省高院領導對維護台商合法權益的重視，真是煞費苦心。

不可否認，海基會對台商合法權益的關注會是大陸司法改革的一股潛在化勁，海基會雖不能氣勢磅礡，音調高亢為台商發聲出氣，但也能發揮到小咖作用。青山不走綠水還流，只要台商投訴一天不間斷，海基會服務中心的運轉就一天也不能停，台商對海基會的期許，可謂言有盡而意無窮，它打造了台商精神上的三間小屋，盛放著台商們的苦難、愁怨、憂鬱。

筆者大膽建議，各級台辦主任擔任同級黨委、紀委、常委，使維護台商合法權益發揮到根本性改變、實質性效用，畢竟台灣同胞相對於大陸同胞更習慣於法治社會，對依法行政、依法審判的標準尺度自然渴望高些。對大陸內部而言，維穩高於一切，維穩之前可以叫法律移步讓路，但筆者認為對台灣同胞的政策應該堅持貫徹法治，哪怕嚴格執法時，造成零星激烈衝突，亦屬長多短空的陣痛而已，這不是搞差別政策，是因地制宜做法，只有縮短與台商間的觀念差距才是取得認同的良方。

台商不可能成為改變大陸司法的外星人，但會是左右兩岸進退交流的顯形人。

【筆者應訴之失，提供改進之道】

一、近年來十分感謝台灣海基會經濟投訴中心人員對我公司的鼎力支持，四度致函海協會，二〇一三年三月份又利用林中森董事長蒞臨湖南之際，當面遞交書面資料給湖南省委領導，雖然收效甚微，但錯不在己，錯在湖南省人大內司委及湖南省高級人民法院的某些領導，雖然有的領導已經退休下台了，有的仍然還高高在上，期盼他們有朝一日能良知洞開，這將是湖南百姓之福。

二、建議台商朋友們，人強不如勢強，勢強不如命強，對抗不了邪惡勢力，可以轉戰他地，何必留連忘返此地，母親的聲音不也時時吆喝著遊子回鄉嗎？

附件：

一、海基會四次發函大陸海協會。

副本

財團法人海峽交流基金會

海峽兩岸關係協會：

頃據台商湖南○○○○○○有限公司負責人林○○先生來函，略謂該公司於 2002 年與長沙○○實業有限公司簽訂〈都市陽光〉包銷合同，後因○○公司無法支付包銷服務費，該公司同意以服務費購買對方三套商品房，雙方分別簽訂三份商品房買賣合同，約定由包銷服務費結算後再轉支付購房款，並約定於 2003 年 12 月 30 日交屋。詎料，迄今 7 年該樓盤其他買主皆已交屋，惟該公司所購之三套商品房仍未交屋，權益嚴重受損，現該案已進入司法救濟程序，盼貴方司法部門儘速依法審理等語。

檢附相關陳情資料影本乙份，請轉有關部門就陳情事項惠予查明及協處，以維當事人合法權益。耑此

順致

時祺

財團法人海峽交流基金會

4 月 15 日

副本：林○○（不含附件）

海廉陸（經）協字第 1000000601 號

副本

財團法人海峽交流基金會

海峽兩岸關係協會：

有關台商湖南○○○○○○有限公司負責人林○○先生陳情於大陸以服務費換購三套商品房衍生糾紛乙案，本會2011年4月15日海廉陸（經）協字第1000000601號函諒達。

頃據林○○先生再度來函，略謂本案長沙市中級人民法院判決長沙○○實業有限公司負加倍賠償責任，惟對方不服判決，向湖南省高級人民法院申請再審，結果改判為雙方各負一半民事責任；據此，對方遂將已判決的其他兩案（劉芳、劉岱明案），再次向法院申請再審，法院亦裁定准予再次再審，目前尚在再審中。渠表示，對方作法將產生連串骨牌效應，致代理銷售房地產行業遭受嚴重打擊，至盼貴方司法部門依法公平公正審理，爰請本會協助等語。

檢附相關陳情資料影本乙份，請惠轉有關部門依法公正審理，以維台商合法權益。耑此

順致

時祺

財團法人海峽交流基金會

8月23日

副本：林○○先生（不含附件）

海廉陸（經）協字第1000001612號

副本

財團法人海峽交流基金會

海峽兩岸關係協會：

有關台商湖南 ○○○○○○有限公司林○○先生陳情於大陸以服務費換購三套商品房衍生糾紛乙案，本會 2011 年 8 月 23 日海廉陸（經）協字第 1000001612 號函諒達。

頃接獲林○○先生再度來函，略謂本案 2011 年 8 月長沙市中級人民法院判決開發商應交房及辦證予該公司，該公司隨即將尾款人民幣 18 萬元提存予法院，申請強制執行，10 月 18 日長沙市花雨區人民法院實施強制交房及辦證手續，詎料，湖南省高級人民法院未經聽證程序，准予對方提出第二次再審，致執行法院裁定中止執行程序，過戶手續暫停進行。現該公司對於遲延交屋違約金部分，向長沙市中級人民法院申請第二次立案再審，至盼貴方司法部門儘速准予再審，依法公平公正審理等語。

檢附相關陳情資料影本乙份，請惠轉有關部門依法公正審理，以維台商合法權益。耑此

順致

時祺

財團法人海峽交流基金會

1 月 10 日

副本：林○○先生(不含附件)

海廉陸（經）協字第 1010000090 號

副本 速件

財團法人海峽交流基金會

海峽兩岸關係協會：

關於台商湖南○○○○○○有限公司林○○先生陳情事，本會本年1月10日海廉陸（經）協字第1010000090號函諒達。

頃據林君再度來函，略謂本案迄已纏訟九年，經歷兩次審判及一次再審，均判開發商應交房並辦證予該公司。然湖南省高級人民法院竟在未經聽證程序情形下，即准予開發商申請再審，並於日前推翻原判決，改判買賣合同無效，致公司損失新台幣千餘萬元，令渠甚感不平。渠已至最高人民法院提請再審，至盼有關部門明察案件經過，准予立案再審等語。

檢送陳情資料影本乙份，請再轉有關部門依法妥處，維護台商合法權益。耑此

順致

時祺

財團法人海峽交流基金會

12月12日

副本：林○○先生（不含附件）

海廉陸（經）協字第1010002546號

二、大陸最高人民法院不敢辦的案子（聯合報一〇兩年六月十三日刊載）。

大陸最高人民法院不敢辦的案子

大陸最高人民法院周強院長：您好！

在您榮升最高院長後約十天，不幸的事發生了，貴院2012年民再申字第317號裁定駁回我司的再審申請，看似簡單的司法裁定案件，其實是一件爲規避政治風險的而做出的錯誤司法裁定案件，因我司在您升任大陸最高法院長前三個月向中共中紀委投訴了您的老部屬湖南省人大內司委兩位領導涉嫌貪腐循私干預湖南省高院審判，据悉另有某省委常委亦深度過問此案，致使五案全遭改判，中紀委也已函請湖南省人大自查，貴院立案庭法官似乎不敢認眞辦理我司的再審申請案，才會立即做出光怪陸離的駁回裁定，令人匪夷所思之處甚多，茲僅羅列三點：

1、該裁定公然違反自己所做的司法解釋：對方當事人蔚都公司對關鍵證據（解除合同通知書）未在規定質證期間內提出，而是在二審訴訟程式終止後再審程式進行中才提出，我司依貴院《關於民事訴訟證據的若干規定》第34條規定予以拒絕質證，應受法律保護，況且，該通知書實際上並未有效送達我司，蔚都公司主張是採留置送達，我司並未簽收，那麼，突然半路殺出的通知書，顯然來路不明。再者，蔚都公司依法依約均無解除權。不幸的是貴院立案庭自摑嘴巴，反倒認定是我司拒絕質證而非該證據未經質證，從而認定買賣合同已經解除，荒唐至極，我司誠然不知今後該不該繼續遵守貴院的司法解釋。

2、公然否定執行公證書所認定的基本事實：我司所買三套商品房已經長沙市雨花區人民法院執行局強制執行交房完畢，並經長沙市雨花區公證處派公證員到場公證，有公證書爲憑，依大陸公證法第36條規定應當作爲認定事實的根據，貴院立案庭在沒有任何相反證據情況下，公然否決該基本事實，敢於歪曲事實捏造該三套商品房已被第三人佔有，進而認定我司與開發商的購房合同已失去履行基礎，眞是欲加之罪何患無詞。

3、本案十年前雙方就辦妥了商品房買賣合同備案登記、完納了契稅並付清了二套半的房款(有購房發票)，二年前我司依判決繳清了全部房款，法院執行局也已強制執行交房給我司，竟然在去年底還被湖南省高院翻案改判買賣解除，貴院仍予以上下附和，令人潸淚。我司懇請周強院長能自察發現錯誤將本案送交審判委員會重新立案審查。

(本案共造成我司損失新台幣兩千萬元)

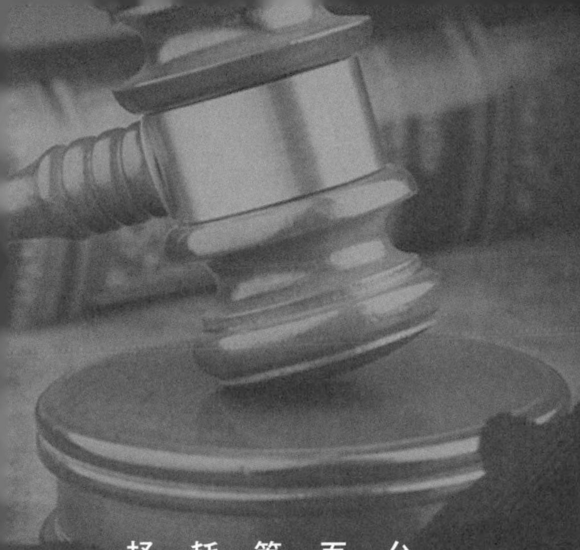

【第五篇】台商的詩意人生

台商們多數有些失意，解悶尤其重要，因人各有性，解悶方式自然花樣百出，或邀約狂歡，或桌上裸泳，或登高釋懷……

筆者有感古人間的綿綿情懷，長藉詩詞傳情，或黯自緬懷先人，或千里耗時傳送思念，而今人秒間即可千里傳真，所以，特喜歡擬仿古詩應景抒情。

台商們多數有些失意，解悶尤其重要，因人各有性，解悶方式自然花樣百出，或邀約狂歡，或桌上裸泳，或登高釋懷……

筆者有感古人間的綿綿情懷，常藉詩詞傳情，或黯自緬懷先人，或千里耗時傳送思念，而今人秒間即可千里傳真，所以，特喜歡擬仿古詩應景抒情。

一、序：

今晚台商兄弟范總宴客，席開六桌，我貪杯帶回幾分酒意，寫了一首套唐詩群發兄弟，享受夜半空飲一壺酒的感覺。

忘憂

你歌眾徘徊，你舞影亂流。
醉時我甫樂，陶然共忘憂。

解：

你醉意甚濃，搖搖晃晃唱起《榕樹下》來，數人深怕摔跤，跟隨左右。

你唱的似乎不過癮，亂七八糟跳起舞來。

你醉時我還正在興頭上呢！

今夜大家都陶然忘記憂愁，多麼難得呀！

註：我的擬唐詩、套唐詩、仿唐詩是以模擬古代絕句形式表達，簡約易懂，有五言絕句及七言絕句，只受二四句韻腳押韻的束縛，不受其他格律約束，不講究對仗、黏對、孤平等律絕形式，這樣較能展現現代隨性自在感，易於現代人疏理，人人均可在商務忙碌之餘隨時轉換心境沉澱在古人的悠悠懷情之中。

二、序：

湖南雖有七千萬人，是人口大省，僅次河南、廣東、山東、四川、江蘇，排名前列，但長沙的台商僅區區數百人，在大陸省會城市中排名倒數。稀有就凸顯珍貴，三五成群常相聚會，今天亦不例外，台商周大哥偕同大嫂西藏賞峰歸來，我聞風備酒，為哥嫂洗塵，邀約之時不忘來首套唐詩，飲酒之前先打濕（詩），潤潤喉，好下酒。

洗塵

浮雲終日行，遊子甫歸星。
今夕復何夕？洗塵徐記廳。

解：

千古以來，白雲日日飄浮遊行。

出遊的兄弟剛剛回到美麗古城長沙。

今晚是多麼難得的夜晚啊！

我聽說您回來了，邀您及兄弟們聚餐徐記海鮮餐廳，幫您洗塵呀！

三、序：

我們常說「有朋自遠方來，不亦樂乎」，就在幾天前，有家鄉同窗來湘找我一遊。我喜上眉梢，一行四人喘吁吁地登上張家界，驚呼呼地望盡人間美景。可惜世上真沒有不別的相會，今日終將離別，我觸景抒懷寫下這首套唐詩，送給即將登機的同學表達內心依依之情。

別離

今朝在此別，何處還相呼？

世事波上舟，沿洄豈自主。

解：

十天假期圓滿謝幕，今早我們在黃花機場告別。

親愛的同學呀！我們何時何地會再相遇驚呼呢？

世間之事實在難說，猶如江上一扁輕舟。

是順著水流走，還是盤旋在江中的碧潭中？豈是它扁舟能自主。

註：沿，意為順著河流走，洄，意為在河潭中隨著漩渦迴旋。

四、序：

長輩們時常告誡我們「在家靠父母，出外靠朋友」，台商之間再有競爭，也都能繫住友情，何況是彼此扶持協作的結拜兄弟。今天三哥就有家鄉好友探訪，他約兄弟們同歡共樂，飯前，我興致上心頭，群發這首仿唐詩給大家，先送上一道免費的無色有味開胃菜。

遠朋到訪

有朋故鄉來相會，三哥一聲人皆響。
今夕歡聲須縱酒，溫馨作伴好還鄉。

解：

三哥有好友從家鄉台灣來訪。
三哥一聲令下兄弟們都回應聚餐同樂。

今晚不但要歡喜高歌，還要放縱的盡情飲酒。
我們用鄉親溫情一直陪伴他，好讓他日後快快樂樂的返鄉回家。

五、序：

雖然我普遍性對大陸律師存在某種成見，但我也說過大陸之大，不可以管窺天，優秀律師也客觀存在我們身旁。長沙望華律師事務所的阮主任，就是不可多得的律師好友，我們之間甚少業務往來，但感情之深，天地可鑑。昨天真是個良辰吉日，阮主任律師在深圳迎親娶媳婦，我盛裝如期參加，婚禮上我還上台獻醜帶動節目，增添一次小高潮。今晨欲驅車返回時，餘興未減寫了一首仿唐詩，送給新人。

千里迎親

朝離鵬城喧囂間，千里星城半日返。

好友迎媳親友歡，謝詞感言動江關。

解：

早上在車水馬龍嘈雜聲中驅車離開深圳。
距離幾近千里的長沙，預計半天就可返回。
我的至交好友昨天迎娶媳婦，他的親朋好友都來同歡祝賀。
主婚人的感謝詞，新郎官的結婚感言，感動了來自大江南北的親友。

註：鵬城指深圳市，星城指長沙市，江關指大江南北。

六、序：

與三哥結拜多年，頭一回目睹三嫂風采，昨日難得吹起東南風，把三嫂從台灣吹到瀟湘來。今早三哥偕同三嫂慕遊張家界，上午十一時，我在百里外的長沙閉目揣想著他們的遊覽心境，順手送上一首擬唐詩空飄過去為其添情。

慕遊揣想

哥嫂齊昂飛來石，不約低眉飛天鏡。
夫妻情串連峰間，此情有意風來應。

解：

哥嫂默契無隙的昂首觀看對面峰頂的飛來石。
不約而同低頭欣賞清澈見底的溪潭。

夫妻感情將走過的相接連山峰串聯起來。

這是多麼詩情畫意呀！此時迎面吹來一股清風相呼應。

註：飛天鏡指山中溪流形成的小溪潭，就像天上飛來的一面鏡子，湖光倒影，盡收眼底。

七、序：

二〇一二年台灣總統大選，過程扣人心弦，迭出高潮，最後馬英九勝出連任，蔡主席雖敗猶榮。今年既可過過投票癮，再嚐一回家鄉特色的選舉菜，又可與家人團聚圍爐過春節。除夕前，我帶女兒、兒子風雨中開車遊覽宜蘭太平山，在山上我們一家三人合力完成了這首《好遊太平山》七言絕句以自娛：

好遊太平山

隨山萬轉雲雨間，火車猶行草莽路。
櫸林去天不盈尺，空見翠峰不見湖。

解：

太平山山勢陡峭，峰峰緊連，我們在雲霧夾雨中，不知隨山轉了多少回才到山頂景區。

太平山的一道特色菜就是古味今韻的小火車，它好像在走深山巨莽走過的蛇行路。

太平山的另一靚點就是參天櫸木林，在林間小徑抬頭望去，櫸木距離通天可能不到一尺而已。

來太平山非去不可的景點就是翠峰湖，可惜今天能見度不到二十米，僅看到眼前翠峰卻看不到翠峰湖。

註：漢字「好」由一女一子組成，我先得女後得子，豈不是得了一個好字，「好」遊太平山，語意為我帶一女一子快快樂樂遊覽太平山。

八、序：

前幾天全台灣有一千四百萬人投下愛台灣的神聖一票，今天大家都還意猶未盡陶醉在選後的餘波蕩漾中，好友波哥及時邀我再敘，我抓住現場生動細節，捕捉現場人物情態，寫了這首人物應景詩以表達當時內心的融入之情。

桌上風光

波哥舉杯邀相歡，冠萱持壺繞桌來。

范姜一言人皆靜，波妹注目好風采。

解：

此詩易看易懂，不加註解。

九、序：

二〇〇六年二月六日，第二次仲裁裁決終於在冷颼颼中出爐了。看到結果，我內心沉悶沮喪，不知不覺中拉開了辦公室百葉簾，遠眺著湘江對岸的濛濛嶽麓山，此時此刻的嶽麓山上，空中的鳥兒應該大半飛回巢中了，天上的浮雲也漸漸散去，對映襯托出我內心的孤寂，看來看去還是嶽麓山瞭解我的心情，只有它還在默默地注視著我，雖是無語卻感受到它傳遞給我的默默溫情，它又挑起了我一時詩興，隨手寫上一首擬唐詩，借景抒情：

孤注麓山

鳥兒已半飛，孤雲去偷閒；

相看兩不厭，只有嶽麓山。

解：

此詩易看易懂，不加註解。

十、序：

揚州古城，留住了兩千五百年建城歷史，獲得了「聯合國人居獎城市」殊榮。初次到訪揚州即感受到人文氣息濃烈、商業氛圍淡薄，時間慢了下來，參觀了揚州八怪（清朝乾隆年間活躍在江蘇揚州畫壇的革新派畫家總稱），遊覽了長江風光帶、古運河風景線、瘦西湖風景區、瓜洲古渡口，令我詩意盎然，再下一首擬古詩：

古往今來

不見古人往，獨尋四望樓；

不見古戰場，依稀古渡口。

解：

我信步漫走在揚州古運河東測羊腸小徑上，不見古人來來往往。

我一人在揚州古城裡尋找昔日的四望亭。

我是看不到隋末都城揚州的兵荒馬亂及明將史可法死守揚州的場景。

傍晚時分，夕陽反照，我走到長江邊看見模糊不清的瓜洲古渡口。

十一、序：

二〇一一年八月十八日是個大喜的日子，我公司向開發商魏督公司購買的都市陽光三套房屋終於透過雨花區人民法院執行局強制執行交房完畢。我仿杜甫的一首詩《聞官兵收復河南河北》來應景抒情：

收復宅舍

卻看同事愁何在？歸檔訴狀喜欲狂。

今夜K歌須縱酒，美酒作伴好還鄉。

解：

回頭看看法務部的同事們還有什麼好憂愁的？

訴訟已近尾聲，收拾歸檔好訴狀材料，內心很是狂喜

今天晚上大家不但要高歌幾曲還要放縱狂飲
還要買幾瓶好酒伴我返回家鄉

十二、序：

本以為擺脫了惡魔糾纏，九年夢魘終甦醒，可是好花不常開，好景不常在，接連發生惡人破門入屋挑釁行為，物管公司（開發商魏督公司的影子公司）任意斷水斷電等事件。我公司投訴了長沙市雨花區候家塘派出所、街道辦事處、居委會、區建設局物管科、市住建委物管科，想從各個角度聯合發力，可是失敗了，以上機關沒人理會。我想他們念茲在茲的仍是利益不是正義，此時我詩意再上心頭，寫了一首擬唐詩抒表心中的情緒：

無回

湘江春色來天地，麓山浮雲變古今；
萬方多難此交厝，綿綿纏訟呻客吟。
維護法治終不改，斷電份子莫相侵；

可憐遊子頻申訴，有去無回幾傷心。

解：

湘江的秀麗春色乃是天地間自然形成的
嶽麓山上的浮雲自古以來變化莫測
這次強制執行交房是多麼的歷盡千辛萬苦呀！
綿綿纏訟了９年，令我這個他鄉異客不住的哀嘆呻吟
維護法治是大陸政府的一貫政策，最終是不會改變的
亂斷我水電的物管公司最好別一再侵擾
可憐我這個異地遊子頻頻申訴
屢屢有去無回，不知已經傷心多少回？

十三、序：

古人出門在外遭遇逆境，湧上心頭的肯定是求助娘家，台商在陸遭遇亂流，自然冀望海基會出手相救。海基會成為台商的臨江大樹、臨海避風港，然而海基會間接搭配了跛腳的台辦（即沒有實權的台辦），維護台商合法權益就顯得四肢無力。海基會過海協助無奈事，得失成敗寸心知，我寫了一首擬唐詩來打趣：

四肢無力

四肢無力海基會，滋潤台商細無聲，

赤手空權台辦微，輸權給力火方明。

解：

海基會為維護我公司權益四次發函海協會，都無功而返，凸顯四肢無力。

海基會服務中心明知力微仍細心無怨的默默協助台商。

可惜呀！大陸地方台辦手無寸權，力量低微。

當務之急，應當敢於賦予台辦實權，權力之火方能照亮台商。

簡言之，大陸台辦無權，台灣海基會的投訴服務就無力。

附件一：大陸書寫投訴書的十個要領

一、在首頁抬頭標題上方最好留白約七公分左右，以便領導批字用。

二、抬頭標題冠以「關於×××的緊急報告」。

三、投訴對象是機關領導個人或機關組織，是有講究的——

向機關領導個人投訴之利弊：

1、事逢領導外出時，投訴反映可能遭到擱置。

2、不幸被對手發現投訴書時，則投訴對象暴露無遺，對手容易反手應對。

3、有些領導不願在指名的投訴書上批字，以免落人口舌。

向機關組織投訴之利弊：

1、會交至具體承辦員手上，不會被擱置，但承辦員是否重視，是否會向領導彙報，則因人因事而異。

2、機關一把手可能看不到投訴書，若能看到反而較願意批字。

四、首先亮出台商身分，並簡要說明對該省市做何貢獻，以引起重視。

五、其次對該機關組織或領導個人的昔日恩澤感謝一番。

六、案情說明要求簡扼清晰，並突出爭議焦點。

七、結尾要寫「請求幫助事項」，要具體些，別太籠統。

八、最好用三號字書寫，控制在兩張紙以內，有些領導年紀大老花眼，字大好看易批字。

九、要檢附重要證據、標記或摺頁關鍵字語，以利領導快速瞭解焦點。

十、別忘了蓋公章，留下姓名電話。

附件二：關於省高院立案庭程序違法的緊急報告

尊敬的中共 × 省委政法委 × 書記：您好！

我是台商投資企業 ×××× 有限公司法人代表陳 ×。二〇〇一年初到本省從事房地產包銷業務，公司註冊資本美金一百五十萬元，為省內首屈一指的房地產包銷公司，並榮獲二〇〇六年全國十佳房地產策劃機構的榮譽，為提升我省企業形象做了微薄貢獻。

首先感謝省委政法委和 × 書記多年來對台商投資企業的關心與支持，關於我公司於二〇〇三年購買 × 市「都市陽光」三套房屋的司法糾紛案，該案於去年八月五日經 × 市中級人民法院再審判決定獻，今我省高院在短短四個月內未經通知、未經聽證等程序又秘密啟動了第二次再審程序，有感一樁司法陰謀正冥冥撲面而來，我公司為此愁緒不已，請 × 書記予以高度關注。

案情經過：

我公司在二〇〇兩年底與魏督實業公司簽了都市陽光包銷合約，我公司共投入約人民幣三百萬元廣告費及五十餘人力，二〇〇三年五月魏督公司出現了重大財務危機，致使都市陽光專案被另一股東張方方申請查封，以致無法支付包銷服務費，我公司為助魏督公司解決資金短缺問題，同意用服務費購買房屋，二〇〇三年七月三十日向其購買三套房屋 ，雙方分別簽了三份房屋買賣合約，成交價分別為人民幣一百萬元、五十萬元、七十萬元，合約約定由包銷服務費（含獎金）結算後再轉為支付購房款、二〇〇三年十二月三十日必須交房、交房後一百八十天必須辦證。此後魏督公司共結算支付了十筆服務費達人民幣兩百萬元給我公司，我公司分別開立了十張服務費發票給魏督公司，魏督公司隨後開立十張購房發票給我公司，即兩套房款已付清，第三套房款也已支付人民幣五十萬。後來魏督公司違約，拒絕再支付服務費，故第三套房款剩人民幣二十萬元未結算轉付。

都市陽光專案在二〇〇三年十月底已銷售百分之九十五，在資金大量回籠並清償債務後，二〇〇三年十一月解封，魏督公司絲毫不顧我公司在其陷入財務危機時仍「兩肋插刀」，為其解難，反而恩將仇報，二〇〇三年十二月起訴我公司包銷合約無效，二〇〇五年五月反訴我公司房屋買賣合約無效，無情無義至極。

服務費案一審判決認定尚欠人民幣五十四萬元，超過購房尾款，二審亦做同樣認定，唯認為我公司服務費收費過高，強制性將全部服務費打了九折，造成服務費不足支付購房尾款的窘態，這是我公司客觀上無法預測到的結果。買賣合約案經二審及再審判決認定合約有效，但未追究魏督公司的遲延交房違約責任，魏督公司不服判決於二〇一二年一月提出第二次申訴再審，我公司亦隨即提出申訴再審，今在我省高院審監二庭審理中。

我公司憂慮：

我省高級人民法院信訪立案庭在未書面通知我公司及舉辦聽證會的情況下，竟然做出第二次立案再審裁定，完全不顧我公司已付清全部房款、已辦理房屋買賣合約備案登記、繳納了買賣契稅、物業維修資金及×區人民法院已執行交房完畢的事實，我公司懷疑人為干預已悄然進入省高院。

我公司請求：

綜上所述，我公司懇請×書記督促我省高級人民法院依法支持我公司申訴請求，判令魏督公司給付我公司遲延交房違約金，並駁回魏督公司的申訴請求，切實維護台商的合法權益。

報告人：××××有限公司
法人代表：陳×
聯繫方式：139××××××××
2012年×月×日

附件三：懇請周 × 院長同意我公司的申訴提交審判委員會討論

尊敬的 ×××× 法院周 × 院長：您好！

十年前，我公司——台商企業 ×××× 有限公司和長沙魏督實業有限責任公司簽訂三套房屋買賣合約，並依法繳納契稅、辦理房屋買賣合約備案登記。後來魏督公司違約，拒絕交房，其又虛假串通，將這三套房「賣給」魏督公司員工，我公司為此與魏督公司進入了冗長的十年訴訟中，台灣海基會也四次致函大陸海協會關注此案。

有事證證明，在 × 省人大內司委前陳 × 主任不當干預下，我公司與魏督公司的五件民事訴訟案，×××× 人民法院全做了改判，特別是二〇一二年九月十七日（二〇一二）湘高法民再終字第 × 號第二次再審判決，改判了二審判決及第一次再審判決結果，判決我公司與魏督公司簽訂的房屋買賣合約撤銷。此違背事實的判決，是對我公司的摧殘和毀滅。我公司不服，遂堅挺腰桿，向中共中央紀委實名舉報，並於二〇一二年 × 月 × 日向貴院提出再審申請，同時檢舉 × 省人大內司委領導不當干預。

今年三月，欣聞 × 省周 × 書記履新 ×××× 院院長，我公司一則望喜、一則愁緒，喜見司法改革藍天乍現，愁憂此案可能再審不舉。因我公司投訴了周院長前部屬陳 × 主任，承辦法官或有承擔政治風險之慮。我公司擔心成現實，周書記履新院長七天，我公司即收到貴院駁回裁定書（二〇一二民再申字第 ×××× 號），駁回理由與 × 省高院改判理由如出一轍，但裁決內容與貴院諸多司法解釋相悖。

早在今年一月七日，中共中央總書記習近平在全國政法工作電視電話會議上要求進一步提高政法工作親和力和公信力，努力讓人民群眾在每一個司法案件中都能感受到公平正義。我公司認為，貴院法官草率駁回我公司再審申請，與習總書記的要求不符，特懇請周院長准予將我公司的申訴提交審判委員會討論決定，以公正審理，證明大陸司法在不斷進步，也是對台灣同胞莫大的鼓舞和安慰。

附件：

1、申訴書及相關證據。

2、台灣海基會的四封函件。

此頌

春安！

湖南 ×××× 有限公司
法人代表： ××××
聯繫電話：××××××××××
2013 年 × 月 × 日

附件四：起訴狀

原告：湖南 ×××× 有限公司（以下簡稱 × 公司）

住所：長沙市五一西路 ×××× 號五一新幹線 ×××× 室

法定代表人：××××　　139×××××××××

被告：長沙 × 物業管理有限公司（以下簡稱 × 公司）

住所：長沙市雨花區芙蓉中路 ×××× 號 × 樓

法定代表人：××××

因原告所購都市陽光一八〇一、一八〇二、一八〇三房號，已於二〇一一年十月十八日強制執行交房，被告自十月十九日起拒絕原告購買水電，亦即拒絕供應水電至一八〇一、一八〇二、一八〇三房號內，造成原告受有經濟損失，故提起本案訴訟。

訴訟請求：

1、判令被告長沙 × 物業管理有限公司立即供應都市陽光一八〇一、一八〇二、一八〇三三套房屋的水電。

2、判令被告長沙 × 物業管理有限公司支付原告湖南 ×××× 有限公司經濟損失人民幣 × 萬元整，並自二〇一一年十二月十九日起至被告同意原告購買都市陽光一八〇一、一八〇二、一八〇三三套房屋的水電並供應到位之日為止按每月人民幣 × 萬元賠償經濟損失。

3、判令被告長沙 × 物業管理有限公司承擔本案全部訴訟費用。

事實與理由：

原告於二〇〇三年七月三十日、八月九日分別向長沙 × 實業有限公司購房都市陽光一八〇一、一八〇二、一八〇三房號三套房屋，後來雙方出現糾紛而進入冗長的司法訴訟中。經長沙市中級人民法院二〇〇六年長中民一終字第 ×××× 號判決，二〇〇九年長中民再終字第 ×××× 號判決 × 公司應交房於原告，原告向貴法院申請強制執行，貴院執行局於二〇一一年十月十日在三套房屋大門上張貼交房公告，並於十月十八日率十餘法警至現場實施強制交房手續。被告保安隊長 ×××× 亦到現場瞭解狀況，貴院執行局副局長 × 在被告物管辦公室內告訴其 ×××× 主任「我們是長沙市雨花區人民法院執行局的人，現已將都市陽光一八〇一、一八〇二、一八〇三房號強制交房給湖南 ×××× 有限公司，以後該公司就是業主，你們要做好銜接工作」（詳如證據目錄第 × 頁）。

不料原告派守現場的員工××××要向被告繳納物管費及購買水電，被告以原告尚未完成產權證辦證手續，目前尚無業主身分不得購買（詳如證據目錄第×頁），自強制交房後就處在斷水斷電狀態，原告因此無水電可用至今已三個月，每月受有經濟損失×萬元整 。

綜上所述，被告的侵害物權行為導致原告受有經濟損失，請貴院判令被告賠償如訴訟請求，以維權益，實感德便。

原告：湖南××××有限公司
二〇一一年×月×日

附件五：起訴狀

原　　告：湖南 × 有限公司（簡稱 A 公司）

地　　址：長沙市五一大道 × 號

法定代表人：林 ×，執行董事　　139××××××××

被　　告：湖南 × 房地產開發有限公司（簡稱 B 公司）

地　　址：長沙市開福區金馬路 × 號

法定代表人：王 ×，董事長　　138××××××××

因被告對原告實施的財產保全錯誤，造成原告受有損害，特依法訴請損害賠償：

訴訟請求：

一、判令被告賠償原告因財產保全錯誤遭受的經濟損失共計人民幣三十萬元整，並自二〇一〇年 × 月 × 日起至清償日止按中國人民銀行同期貸款利率的兩倍計算利息。

二、判令被告承擔本案訴訟費用。

事實與理由：

一、被告顯然超額保全達人民幣一百五十萬元整，違反了民事訴訟法第九十六條規定，應賠償原告因此所造成的經濟損失。

……（省略）

二、被告的超額保全行為已造成原告遭受經濟損失共計人民幣三十萬元整。

……（省略）

綜上所述，被告顯然有超額財產保全行為，並造成原告有相當經濟損失，懇請貴院詳查並判決如訴訟請求，以維權益，並符法治。

此致

湖南省長沙市 × 區人民法院

原告：湖南 × 有限公司
2012 年 × 月 × 日

附件六：民事上訴狀

上訴人：湖南 A 有限公司（簡稱 A 公司）

住所：長沙市五一大道 × 號　139×××××××××

法定代表人：××××，執行董事

被上訴人：湖南 B 房地產開發有限公司（簡稱 B 公司）

住所：長沙市開福區金馬路 × 號　138×××××××××

法定代表人：王 ×，董事長

上訴人因不服長沙市 × 區人民法院（二〇一一）開民二初字第 ×××× 號民事判決，特依法提出上訴：

上訴請求：

一、判令被上訴人應再支付上訴人服務費、策劃獎金共人民幣 700,000.00 元。

二、判令一、二審訴訟費用全部由被上訴人承擔。

事實與理由：

1.原判決認定的事實有誤：

原判決第七頁第11行認定：「至二〇一二年八月二十八日止，A公司共銷售房屋一千二百四十套……」與事實不符。

事實上，至二〇一二年八月二十八日止，上訴人共按合約約定銷售房屋二百五十五套……（省略）

2.被上訴人應再支付上訴人服務費、策劃獎金共人民幣七十萬元。經A公司成交而尚未支付服務費、策劃獎金的房號共有十五套，服務費、策劃獎金計算如下：

……（省略）

綜上所述，A公司實際成交一千二百五十五套房屋，原判決一時失察而誤認成交一千二百四十套，致使服務費、策劃獎金共短少人民幣七十萬元，懇請貴院詳查，望改判如上訴請求，以符法治。

此致

長沙市×人民法院

上訴人：湖南×有限公司
2012年×月×日

附件七：再審申請書

申請再審人（一審原告、二審上訴人）：湖南××××有限公司（簡稱A公司）　139×××××××××

地址：長沙市五一大道××××號

法定代表人：鄭×　董事長

被申請再審人（一審被告、反訴原告、二審被上訴人）：長沙××××有限公司（簡稱B公司）　137×××××××××

地址：長沙市芙蓉中路××××號

法定代表人：易×　董事長

申請再審人不服長沙市中級人民法院二〇一一年×月×日做出的（二〇〇九）長中民再終字第××××號判決，申請再審。

再審請求：

一、判令撤銷長沙市中級人民法院（二〇〇九）長中民再終字第×號判決

二、請求維護長沙市中級人民法院（二〇〇六）長中民一終字第×

號判決第一、二、四項，撤銷第三項

三、請求被申請再審人 × 公司承擔違約責任，向申請再審人 × 公司支付違約金人民幣 ××××× 元（僅計算至二〇〇七年十二月三十一日）；並自二〇〇八年一月一日起到受償之日止按每天人民幣 ×××× 元支付違約金

四、判令本案第一、二審及再審的訴訟費用均由被申請再審人承擔。

申請再審的事由：

依據中華人民共和國民事訴訟法第二〇〇條第一款第 2.3.5 項規定向貴院提出再審申請，請貴院依法立案提審：

事實和理由：

一、原再審判決對下列基本事實的認定缺乏證明，依民訴法第二〇〇條第一款第 2.3.5 項規定應予以再審改判。

1. 原再審判決認定 B 公司不違約，與事實不符，其判決依據顯然缺乏證據證明：

按民訴法第二〇〇條第一款第二項明文規定「原判決、裁定認定的

基本事實缺乏證據證明的」，可以申請再審，觀之原再審判決第 × 頁。那麼，原再審判決已認定交房時間約定是明確的，即二○○三年十二月三十一日應該交房；也認定了雙方約定以服務費支付購房款的事實，又認定了最後一筆服務費的結算是依據（二○○八）長中民一終字第 × 號判決，申請再審人 A 公司尚有 ×××× 元可資轉付購房款，而被申請再審人 B 公司卻拒絕結算支付，造成尾款於二○一一年八月十六日才付清的責任應歸責於 B 公司，顯然，被申請再審人 B 公司未按約定時間交房已構成違約甚明，唯原再審判決卻反於事實證據而認定 B 公司不違約，顯然缺乏證據證明。

2. 原再審判決認定三套房屋均尚未付清房款，與事實不符，其判決依據顯然缺乏證據證明。

3. 被申請再審人 B 公司實際積欠 A 公司的服務費 ×××× 元，顯然超過購房尾款 ×××× 元，

B 公司以已無服務費可資轉付購房款為由而拒絕交房屬違約行為甚明。

……

二、被申請再審人 B 公司未按約定時間交房，應支付違約金人民幣

××××元，計算說明如下：

……

綜上所述，長沙市中級人民法院（二〇〇九）長中民再終字第×號判決，（二〇〇六）長中民一終字第×號判決有民事訴訟法第二〇〇條第一款第 2.3.5 項的情事，爰依法提出再審申請，懇請貴院准予立案提審。

此致

×省高級人民法院

申請人：湖南××××有限公司
2012 年×月×日

附件八：抗訴申請書

抗訴申請人（原告）：湖南Ａ有限公司（簡稱Ａ公司）

法定代表人：林×

住所：長沙市五一大道×號五一新幹線××××室

被申請人：湖南Ｂ房地產開發有限公司（簡稱Ｂ公司）

法人代表：楊×

住所：長沙市建湘南路×號

抗訴申請人Ａ公司與被申請人Ｂ公司因財產保全侵權行為糾紛，經長沙市開福區人民法院（二〇一一）開民一初字第×號判決在案，Ｂ公司不服提出上訴，後經長沙市中級人民法院部分改判在案（以下簡稱該判決），抗訴申請人Ａ公司不服該判決，特依據民事訴訟法第二〇九條規定向貴院提出抗訴申請，懇請貴院依法准予抗訴。

抗訴請求：

一、請求撤銷長沙市中級人民法院長中民一終第×號民事判決除第三項外的判決。

二、由被申請人湖南長沙 B 房地產開發有限公司承擔本案全部受理費。

事實與理由：

一、長沙市中級人民法院未依法定程序對 × 主審法官做出迴避決定，有違民訴法第四十四條第三款及第四十八條的規定，依民訴法第二〇〇條第七款的規定應予再審改判。

……（省略）

二、該判決認定抗訴申請人 A 公司有申請財產保全錯誤的情形，唯未提出任何事實依據，依民訴法第二〇〇條第二款的規定應予再審改判。

……（省略）

三、該判決認定抗訴申請人 A 公司有財產保全金額過高的錯誤，與基本事實不符。

……（省略）

綜上所述，抗訴申請人申請財產保全金額在訴訟請求範圍內，中院

（二〇一二）長中民一重終字第 × 號判決既已認定 B 公司有無故解除合約及未付服務費的違約行為，卻未依合約約定判決 B 公司承擔違約責任，這種判決結果非常人所能掌握，與抗訴申請人的預期顯然有落差，顯然抗訴申請人申請財產保全時無主觀過錯。

再者，抗訴申請人申請查封的標的指明限於房屋，× 區人民法院依職權執行查封五套別墅後，B 公司並未主動說明房屋銷售狀況及抵押貸款情形，且主動申請變換保全財產，在查封期間又將保全財產全部出售一空，B 公司並未因財產保全受有任何損害，當然也沒有提供任何有效證據證明其受有多少損害，顯然長沙市中級人民法院長中民一終第 × 號民事判決與基本事實不符、與法律法規相孛，懇請貴院詳察鑑核並准予向湖南省高級人民法院提起抗訴，以符法治，實感德便。

此致

湖南省人民檢察院

申請人：湖南 A 有限公司
2012 年 × 月 × 日

附件九：損害賠償證據目錄（標準版本）——A 公司證據資料目錄

組別	序號	證明名稱	證據目的	證明內容	頁碼	證據來源
1	1	B 公司民事訴狀	B 公司曾經起訴主張損害賠償金額。	證明 B 公司訴訟請求賠償經濟損失為兩百萬元整	1～2	B 公司所有
	2	長沙市中級人民法院（2009）長中民一終字第 xxx 號判決書	終局判決賠償金額比財產保全金額少很多。	證明二審法院僅判決 A 公司賠償五十萬元	3～8	
	3	解除財產保全申請書及銀行進賬單	B 公司在二〇〇九年六月 x 日就申請解除凍結	證明 B 公司以本案已經終局判決並主動履行付款義務為由，申請領回凍結款兩百萬元。	9～10	A 公司持有
2	4	長沙市 X X 區人民法院（二〇〇九）開民一初字第 X X 號裁定書	法院依 B 公司的申請做 出凍結 A 公司案款的裁定	證明 B 公司申請凍結 A 公司銀行存款兩百萬或查封、扣押相應價值的財產。 法院做出核准凍結的裁定。	11～12	
	5	股東會議記錄	A 公司股東一致決議公開徵詢自願提供財產做擔保者，並給予回報。	證明 A 公司同意以兩倍銀行貸款利率為回報，給自願提供財產做擔保者。	13	A 公司所有

	6	協議書	與ＸＸＸ先生達成協議	證明ＸＸＸ先生提供其所有長沙市黃興中路Ｘ號房屋做擔保，Ａ公司按每年百分之十六給予回報。	14	Ａ公司所有
	7	長沙市ＸＸ區人民法院（二〇〇九）開民一初字第1812-1號裁定書	法院裁定准許ＸＸＸ先生提供房產擔保，並予以查封。	一、xxx先生提供其所有長沙市黃興中路Ｘ號房屋做擔保。 二、法院裁定查封擔保房屋。	15～16	

提供人：湖南A有限公司
2012年x月xx日

國家圖書館出版品預行編目（CIP）資料

浪尖上的台商 / 方木几著 . -- 第一版 . --
台北市：樂果文化出版：紅螞蟻圖書發行，2013.12
面；　公分 . --（樂經營；10）
ISBN 978-986-5983-59-8(平裝)
1. 投資　2. 通俗作品　3. 中國

552.2　　102023786

樂經營 10
浪尖上的台商

作　　者／方木几
總 編 輯／何南輝
責任編輯／韓顯赫
行銷企劃／黃文秀
封面設計／鄭年亨
內頁設計／申朗創意

出　　版／樂果文化事業有限公司
讀者服務專線／（02）2795-4056
劃撥帳號／50118837 號　樂果文化事業有限公司
印 刷 廠／卡樂彩色製版印刷有限公司
總 經 銷／紅螞蟻圖書有限公司
地　　址／台北市內湖區舊宗路二段 121 巷 19 號（紅螞蟻資訊大樓）
電話：（02）2795-3656
傳真：（02）2795-4100

2013 年 12 月第一版　定價／280 元　ISBN 978-986-5983-59-8